守望孩子，静待花开

王道国　高晓蓉/著

中华工商联合出版社

图书在版编目(CIP)数据

守望孩子，静待花开 / 王道国，高晓蓉著. -- 北京：
中华工商联合出版社，2015.7（2023.6重印）

ISBN 978-7-5158-1369-1

Ⅰ.①守… Ⅱ.①王… ②高… Ⅲ.①儿童教育－家
庭教育 Ⅳ.①G78

中国版本图书馆CIP数据核字（2015）第 141660 号

守望孩子，静待花开

作　　者：	王道国　高晓蓉
责任编辑：	胡小英　邵桃炜
封面设计：	周　源
责任审读：	魏鸿鸣
责任印制：	迈致红
出版发行：	中华工商联合出版社有限责任公司
印　　刷：	三河市燕春印务有限公司
版　　次：	2015年8月第1版
印　　次：	2023年6月第3次印刷
开　　本：	710mm×1020mm　1/16
字　　数：	165千字
印　　张：	13
书　　号：	ISBN 978-7-5158-1369-1
定　　价：	32.00元

服务热线：010-58301130
销售热线：010-58302813
地址邮编：北京市西城区西环广场A座
　　　　　19-20层，100044
http://www.chgslcbs.cn
E-mail: cicap1202@sina.com(营销中心)
E-mail: gslzbs@sina.com(总编室)

工商联版图书
版权所有　侵权必究

凡本社图书出现印装质量问
题，请与印务部联系。

联系电话：010-58302915

爱孩子，就要给他润物细无声的教育！

如今，中国的家庭教育充满了浮躁和功利：从各种各样的兴趣班到一味追求成绩而忽视德育。在这种压力环境下，孩子的心理问题远比过去严重。其实，真正的教育应该是润物细无声的。

著名教育家卢梭曾经说过："什么是最好的教育？最好的教育是无所作为的教育：学生看不到教育的发生，却实实在在地影响着他们的心灵，帮助他们发挥了潜能，这才是天底下最好的教育。"能够享受优质家庭教育的孩子，一般都有一个和睦的家庭氛围，家中听不到家长的叫喊声。家长既不会指责孩子，也没有告诉孩子应该怎么做、不应该怎么做，而只会用自己行为的方方面面影响孩子。

生活中，经常听到一些家长说，好好学，啥都可以满足你。面对激烈的社会竞争，很多家长都希望孩子在一开始的时候就胜他人一筹，于是纷纷奔走于各辅导班、特长班之间，主动掏钱给孩子报名。可是，真正能够从中获益的孩子究竟有多少呢？

孩子的发展需要一个过程，急功近利的教育只会加重孩子的负担；给孩子设置的目标太高，也会挫伤孩子学习的积极性。不管是性格品质的培养，还是孩子学习成绩的提高，仅靠一时半会儿的学习，都是不行的。要

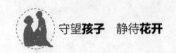

想教育好孩子，对孩子的教育就要遵守其成长规律，适应其身心发展特点，唯有如此，孩子才能健康成长。

家庭教育，从"守望"开始。爱孩子，就要给他润物细无声的教育！

本书是我们夫妻两人育子19年来的心得、感悟与思索，仅供关注孩子教育的家长们参考。

祈盼能由这本书引发天下的家长们更多的思考，意识到自己身上肩负的重大责任，更多地关注家庭，关注孩子，教子有方，把孩子培养成幸福、快乐的普通人！

愿天下父母皆得欢欣，愿天下儿女皆成栋梁！

作 者

2015年6月

目录
Contents

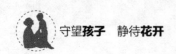

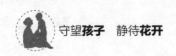

第九章 心理健康教育理应润物细无声

第十章 寓教于乐——培养孩子创造力

第一章
Chapter 1

不要赢了起跑线，
输了人生路

谁让神童仲永变庸子？

"助跑线"过短，天鹅如何飞向蓝天？

早期教育的出发点

没有了解和规划，何来成长？

将快乐的童年还给孩子

成长无须跳级，揠苗无法助长

谁让神童仲永变庸子？

很多家长都希望自己的孩子是个不寻常的"神童"，可是在极尽发掘之后，他们一般都会失望地发现，自己的孩子就是一个普通的孩子！

如今，有关"神童"的新闻不时地会出现在网络等媒体上。可是，多年之后，当年的"神童"也不过如此。通过媒体，我们可以看到很多"神童"不再"神"的例子，古代最有名气的"神童"就是王安石笔下一个名叫"仲永"的孩子。

他讲述了一个江西金溪名叫方仲永的神童，因父亲不让他继续学习，被当作造钱工具而从神童沦为一个普通人的故事：

古时候，在一个叫金溪的地方有个叫方仲永的人，仲永家世代以耕田为生。他长到五岁的时候，连书写工具都不认识。忽然有一天，方仲永却哭着向父亲索要这些东西。

父亲感到很奇怪，就从邻居那里借来了儿子想要的东西。方仲永挥毫取墨，立刻题诗四句，并自己题上自己的名字。这首诗以赡养父母和团结同宗族的人为主旨，全乡的秀才都慕名来观赏。从那以后，只要人们指定事物让方仲永作诗，他都可以一气呵成，诗的文采和道理都让人称道的地方。

人们都感到非常惊奇，渐渐地都对他的父亲以礼相待。有人甚至还花钱来购买仲永的诗。方仲永的父亲觉得有利可图，就每天带着仲永四处拜访，不让他进一步学习。

明道年间，王安石跟随父亲回到家乡，在舅舅家见到了方仲永，那时他已经十二三岁了。王安石让他作首诗，可是写出来的诗意境全无，完全不能与从前的名声相称。又过了七年，王安石从扬州回来，再次到舅舅家去，问起方仲永的情况，舅舅回答说："他现在和普通人没两样了！"

不可否认，方仲永的通达聪慧是先天得到的。他的天赋比一般有才能的人要优秀得多，可是最终却成了一个平凡的人。方仲永的天资是非常不错的，可是由于没有接受到正常的后续教育，最终回归成了一个平凡的人。

古代有伤仲永的典故，其实在今天的现实生活中，这样伤"神童"的事情也比比皆是。

1983年6月17日，魏永康出生在湖南省岳阳市华容县一个贫苦的家庭。2岁时，他已经能写出140个物品的名称。

1988年，魏永康5岁，很多孩子到这个年龄都还没有上学。但魏永康却靠着超群的记忆力、独特的思维方式、浓厚的学习兴趣和超强的自学能力，走上了一条很多孩子都无法效仿的路。13岁，正常的孩子都在上中学，而魏永康却已经上大学了。那一年，他考出了602分的高分，轰动了整个华容县。

在高中和大学期间，妈妈一直都在学校陪读，包揽了所有的家务，包括给魏永康洗衣服、端饭、洗澡、洗脸。

2000年，17岁的魏永康考上了中科院高能物理研究所的研究生。这次，妈妈不能跟在他身边了。离开了妈妈，魏永康无法安排独立生活，完全没有生活的自理能力。魏永康发现，自己实在不能适应没有妈妈照顾的生活。2003年8月，已经上了3年研究生的魏永康从中科院肄业回到了老家。2004年，魏永康曾经几度离家出走，最长的一次走了39天。

我们不否认，这些被责令退学的神童并不是人才。**一个人如果连最基本的生存能力都不具备，他也不可能去为他人和社会提供更好的服务。**一个人的生存能力与社会经验的积累不是一蹴而就的，需要自己在生活中慢慢地经历和体会。

神童的退学是揠苗助长的悲剧。让一个心理不成熟的孩子去承受成年人的学习和生活环境，势必招致失败。从魏永康母亲的言行中，我们读到了沉甸甸的母爱，也看到了母爱转换成溺爱所带来的直接后果。仅仅几年光景，魏永康就经历了由昔日"神童"到"泯然众人"的人生历程，演绎了一幕现代版的"伤仲永"。

"神童成长"违背了孩子的身心健康发展规律，教育是有规律可循的，在不同的年龄段，孩子需要接受不同的教育，家长应该顺应孩子的身心健康发展，不要幻想将自己的孩子培养成"神童"。

家长是最了解自己孩子的人，在孩子的成长过程中，家长的引导至关重要。孩子的人生中不光只有学习，那只是十多年的短跑片段，更重要的是赢在人生的长跑中。当孩子没有一定的阅历时，不要给他灌输与年龄不相符的知识，因为他缺少生活的经验，对知识的感悟并不深刻。要让孩子赢得人生的长跑，就要让他学会学习、愉快学习。

"助跑线"过短，天鹅如何飞向蓝天？

生命永远是值得期待的，因为它蕴含着无限的潜能。为了领略更为高远的人生风景，不断地超越自我，不停地加速前行，孩子们每时每刻都在努力，但是家长也应该时常提醒他们：你的助跑线够长吗？

星期天，我们和孩子一起去市郊的野生动物园游览。在一个小湖上面，几只天鹅正在水面上追逐嬉闹、徜徉自在，我们的注意力被吸引过去，驻足观赏。孩子问："没有绳网，没有束缚，这群天鹅为什么一直待在这方狭小的水域，而不展翅飞翔呢？"

这时候，饲养员走了过来。听到议论，他先是冲我们摇头一笑，接着便饶有兴致地替我们解说起来。原来，天鹅在展翅高飞之前，必须有一段足够长的水面用来滑翔；如果助跑线的长度太短，天鹅是很难飞上蓝天的。时间长了，天鹅便会丧失飞翔的信念，甚至丧失飞翔的本能。

听了饲养员的解释，我们都恍然大悟，真是一语惊醒梦中人，古人将天鹅称为"鸿鹄"，天鹅从来就是"志存高远"的象征。然而，一旦失去了飞翔的能力，"鸿鹄"和"燕雀"又有什么区别呢？不过是一群寻常的

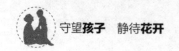
"鸟"而已。天鹅如此,孩子的教育亦如此!

如今,众多家长都热衷于孩子的潜能开发,在"千万不要让孩子输在起跑线上""越早受教育越好"等口号的宣传下,在无限度地夸大"脑开发""关键期"作用的氛围中,家长们你追我赶地通过各种"方案"来挖掘孩子心智的宝藏,以期让自己的孩子在竞争中获得更多的发展机会。

可是,大多数家长没有意识到,这种过度的开发是以牺牲快乐的天性、幸福的童年为代价的。这种现象和做法是拿孩子今天会认多少字、说多少英语、弹多少曲目等盲目的"成就",去换取孩子明天的学习兴趣和发展后劲,这种人为缩短孩子发展"助跑线"的做法,和天鹅的可悲又有什么不同呢?

家长要给自己的头脑降降温,要冷静、理智地认识孩子的成长规律,善待孩子发展的"时间表",使孩子积蓄足够的动能,以便日后飞得更高、更远。在生活中,家长要不断地去延长孩子的起跑线,让孩子保持向上的激情,表现自己展翅翱翔的雄姿,实现人生的价值。一厢情愿地投机取巧、醉心于缩短实现理想的助跑线,只会让孩子落得可悲的下场。

前文中的魏永康,只有超乎常人的知识巩固能力,却缺少做人一定要具有的生活自理能力,被迫退学也是他的助跑线被人为缩短而造成的恶果。如果希望自己的孩子成才,就请家长们尽力延长孩子的助跑线!

早期教育的出发点

如今，有一个奇怪的现象："80后"家长们虽然只养一个孩子，但比以前的父母养一大群都难。因为，在现今应试教育体制下，家长都望子成龙、望女成凤，非常重视孩子的早期教育。为了给孩子的智力打下一个良好的基础，许多家长在孩子还未出生时就对他们进行熏陶。于是，对婴幼儿进行深度潜能开发、个性培养、健康呵护的一系列亲子教育悄然兴起。古人云"三岁看老"，三岁真能决定孩子的一生吗？

毛泽东小时候经常被父母要求去山上放牛，为此还被小伙伴们戏称为"牛司令"。学生时代的毛泽东一直品学兼优，但父亲毛贻昌却想让他休学，送他去湘潭城里的一家米店做学徒。

毛贻昌希望儿子在经商上搞出点名堂来，希望他日后成为一个大财主。毛泽东不愿意去，他始终认为自己应走上一条求学之路，就在去外婆家看望舅父、舅母时，将这一情况及自己的想法告诉了舅父。在舅父的帮助下，毛泽东才得以继续上学。

　　纵观古今中外，许多科学家、发明家从小都有被老师和同学嘲笑愚笨的经历，但他们凭借自己坚定的信念坚持主动向学，最终出类拔萃，成就一代名人。孩子的早期教育固然重要，会影响到孩子以后的学习习惯、态度和思维方式等，但是如果早期引导不当，很容易使孩子产生厌学心理，甚至产生一些不良后果。因此，**不论采取何种方式或选择何种理念，早期教育的根本出发点是要引导孩子成为学习的主人。**

　　小孩子在学习上容易依赖别人、缺乏主动性，家长要对其进行积极引导，调动孩子自主学习的积极性，让孩子产生"我要学"的强烈意识，激发他们学习的欲望，化被动为主动。

　　孩子的成长是一个过程，这个过程对于每个孩子来说都是不一样的，有的会慢一点，有的则立竿见影，但都需要细心等待，更需要家长的耐心引导。

没有了解和规划，何来成长？

　　曾经看到过这样一则消息：

　　2013年8月7日，刘力向单位递交了辞职信，这已是她从去年至今的第26次辞职。刘力自大学毕业后，陆续换过好几十个工作，其中不乏国企及大型跨国企业，可是不管她到哪里，妈妈总会事先帮她查询好去单位的最佳路线、单位附近的最佳饭馆，甚至连怎么和新同事相处妈妈也要"手把手"地教。

这次，财务不小心把刘力的工资算错了，刘力自尊心受挫，便立刻递交了辞职信。妈妈因为没来得及教她如何处理这件事而焦急懊恼。

不知是现在的孩子太娇气了，还是家长管的太多了，这样的例子不胜枚举：家长在孩子身上花费了大量的时间和精力，却没有教孩子如何科学合理地规划人生；对学习异常重视，却忽略了孩子心理人格的规划，忘记了放手让孩子自己体味人生。

其实，大多数家长一般都会考虑这些问题，只是很多家长并没有真正深入、细致地和孩子们一起研究过问题。成功的学业规划是未来职业规划的基础。因此，**在重视孩子学习的时候，一定要引导孩子做一份属于自己的学习规划、生活规划、职业规划**。有了这些规划，一步一步地进行，孩子的目标就可以实现，正向的人生也就不难达成了！

教孩子做好人生规划可以分三步走：

第一步：订立目标，感受目标

订立目标，就是让孩子感受到那是"自己的目标"，而不是"为父母去实现目标"。只有定下了明确的目标，孩子才会感受到那是一个看得见、摸得着的目标。

《哈佛女孩》一书中的父亲从小就为女儿定下了目标——让孩子能够接受哈佛的优质教育。父亲不仅和女儿一起确定了这个目标；在孩子能够自己感受的时候，还带孩子去"哈佛朝圣"，让孩子感受真实的哈佛力量，于是"就读哈佛"成了孩子真实的动力。

家长要给孩子一个梦，在孩子心中点燃一把火，让它燃烧，成为他们自己努力、奋斗的内动力——这是设计未来人生最重要的第一步！

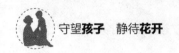

第二步：分解目标，制定阶段计划

有了明确的人生目标之后，就要分解目标，制定阶段计划。

如果孩子的目标是长大之后成为一名优秀的医生，那么，家长就可以和孩子分析，如今在社会上做医生需要接受怎样程度的教育、需要具备怎样的素质、在求学的每个阶段要实现什么目标等。把这些问题慢慢分解出来，就可以和孩子一起绘制出一个比较丰满的人生蓝图。

有了清晰的人生蓝图，要再和孩子一起制定有效的阶段计划，而且必须是书面的计划，持之以恒地督促孩子加以落实。孩子形成习惯后，就能朝着目标自己一步步往前走了。

第三步：将目标和实际联系起来

在现代社会，学习成绩很重要，但是孩子综合素质的培养更重要！从小为孩子树立好人生目标，孩子就可以及时找出与这个目标间的现实差距，调整学习方向，培养相应的能力和素质。有一位家长是这样培养孩子的：

小童从小认定自己将来要从事律师或相关的职业，所以在学习方面，爸爸很注意对小童语言能力的培养。不仅引导孩子阅读大量的书籍，还有意识地让孩子广泛涉猎商业、经济方面的知识。小童上大学后，在兼职的选择、社会活动方面，小童爸爸也引导孩子要有所选择，一切都力求与未来职业方向相吻合。

从小开始规划人生，学会设立人生目标，我们的孩子在教育资源有限、生存竞争日趋激烈的社会上，定然能保有立足之地，拥有美好的人生。

🐞 将快乐的童年还给孩子

每个人都有一段美好的童年，一起捉迷藏，一起过家家，一起到河里抓鱼，一起逃学游戏……回想过去，你一定会在嘴角露出会心的微笑，这些至今都是我们脑海深处最美好的记忆。

现在的孩子从三岁就入托儿所开始，一直长到成人，看看他们沉重的书包，看看他们匆忙的脚步、忙碌的身影……孩子们太苦了！孩子们的负担太重了！

周末，张女士给老同学小美打电话，想约她带着她的女儿笑笑一起出去玩。可小美却说："不行！今天上午我要带笑笑去少年宫学钢琴，下午她要学书法，晚上学游泳。今天恐怕没时间了。"

之后，张女士又给另一个朋友打电话，想约她带着孩子一起出去玩，可是对方也说要带孩子去上英语辅导班，最后张女士只好一个人带着女儿桐桐出去踏青。

和煦的微风，灿烂的太阳，让桐桐兴奋不已。桐桐拿着照相机，咔咔

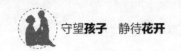

咔地拍着。看着欢呼雀跃的女儿，张女士很为同学和朋友的孩子感到难过，好像可以看到孩子们无助的眼神。

是谁偷走了孩子们的童年？是谁让孩子再也享受不到快乐时光？是孩子最亲最爱的人——孩子的爸爸妈妈！

很多家长都相信"笨鸟先飞""勤能补拙"，所以千方百计地让孩子多学一些，多掌握一些技能，唯恐自己的孩子输在起跑线上。可是，你让孩子去学钢琴，孩子就会成为"钢琴高手"吗？你让孩子学习书法，孩子就会成为"书法家"吗？你让孩子苦练拉丁舞，他就一定会成为"拉丁王子"吗？如果不能，还不如还给孩子一个快乐的童年！

只有根据孩子的特点，帮孩子找到自己的最爱，孩子才会真正地找到自己的位置，在属于自己的位置上有所发展。如果将孩子本应无忧无虑玩耍的童年时间剥夺掉，孩子快乐的童年必将随之悄然消失。家长最重要的任务，就是给予孩子一个快乐的童年。

1. 鼓励孩子多运动

家长要多陪孩子玩球、骑脚踏车、游泳……多运动不但可以锻炼孩子的体能，也会让他们变得更开朗。保持动态生活可以适度舒缓孩子的压力与情绪，并且让孩子喜欢自己；不仅可以让孩子拥有较正面的身体形象，还能够让孩子从运动中发现乐趣与成就感。

2. 给孩子随性玩耍的时间

研究发现，对学龄前的孩子来说自由玩耍比有计划性的活动更健康有益！家长不要将孩子的时间塞满各种活动、课程，因为孩子需要有一些无所事事、随性玩耍的时间。唯有这样，才能让他们的想象力得到无拘无束地发挥，让他们悠闲地看蜘蛛织网、研究萤火虫如何发光，才可以让他们以自然的速度去探索他们所好奇的世界。

3. 放弃所有的完美理念

家长们都希望自己的孩子能做到最好，但如果做家长的试图帮助孩子改正或者"收拾"他们造成的不够完美的结果，反而容易损害孩子的自信心。

有的家长让孩子擦桌子，然后自己又再擦一遍，这种举动其实是在告诉孩子：你做得不好。更不幸的是，孩子慢慢也就会相信：我做得确实不好。下一次，如果你又试图帮助孩子修正他做过的事，要记得问问自己："如果不这么做，会影响到孩子的健康或者安全吗？如果不这么做，一年以后会有什么遗留的后果吗？"如果答案都是"no"，那么最好还是放弃。

有些家长可能会认为，帮助孩子掌握更多技能是家长的责任。但一定要记住，这只是做家长的一部分，你与孩子之间的情感联系远远比他是否把桌子擦干净要重要得多！

4. 让孩子大声笑出来

一家人在一起的时候，多讲讲笑话，唱些可笑的歌谣，或者不妨开个自嘲的小玩笑。笑对孩子、对家长都很有好处，当孩子大声笑的时候，不仅会释放紧张情绪，还会吸入更多的氧气，这样能让孩子在很短时间内就精力充沛、情绪高涨。

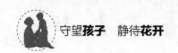

成长无须跳级，揠苗无法助长

别人家的孩子都在上辅导班，咱的孩子不能落下了；

别人家的孩子考得好，咱的孩子不能差了；

别人家的孩子上好学校了，咱的孩子也必须得考上……

身为家长，总是为孩子想的最多，总想孩子能少吃些苦头，总想孩子能更优秀……其实，成长这门课是最公平的，没有捷径可走。

关于揠苗助长的故事，人们一定不会陌生，大凡有理智的人都不会像故事中的那个愚人一样犯类似的错误。可是，在养育孩子的过程中，家长却往往在不知不觉中对孩子"揠苗助长"，给孩子的未来发展留下很多隐患。只有纠正这些错误做法，还孩子成长的自由，才能把今天的幼苗培养成明天的参天大树。

5岁的小轩在上海市一家国际幼儿园读书，爸爸妈妈对他寄托了很大的希望。为此，爸爸不仅将他送进了当地最好的幼儿园，还在一家培训中心报名，让他参加了两年制的幼儿EMBA班。

为了让小轩学到更多的知识，父母又到其他教育机构给他报了兴趣班：特色语言、创意思维、国画、围棋、游泳，这5门课程几乎占满了小轩的"课余"时间，以至于小轩的"日程安排"比他当老总的爸爸还紧张。

现在的家庭大多数都是独生子女，家长几乎把所有的希望都寄托在这一棵"独苗"的身上，为了孩子不惜倾注全部心血，这种望子成龙、望女成凤的愿望是可以理解的。但是，若因急于求成而揠苗助长、过度施教则会陷入误区。

现代教育提倡早期开发儿童的智力，但并不是说可以不顾儿童生理和心理的发展阶段而随意超前；现代教育也提倡通过丰富的脑刺激来促进孩子大脑的生长，但也不是说可以不顾孩子的接受能力而超量刺激。过度的超前和过度的超量，都会适得其反。

事实上，绝大多数3~6岁孩子的身心发育都不适合高强度的学习，他们在学习书本知识方面能力有限，如果被迫接受长时间的课程化学习，无异于揠苗助长。如果长时间处于这种高度紧张的状态，就会造成萎靡不振甚至厌学的情绪。在这种情况下，如果家长依然过度施教，有时会使孩子的精神崩溃，甚至出现极端行为，酿成无法挽回的悲剧。

那么，家长怎样才能走出这样的误区呢？

1. 让孩子打好基础

家庭教育是一种素质教育，是为将来的发展准备前提条件的基础教育。所以，一定要使孩子在初学阶段打好各方面的基础，学好基本知识，练好基本功。

2. 家庭教育要连贯有序

儿童、青少年的身心发展是一个由低级到高级的有序的发展过程，在这个发展过程中，前一阶段都是后一阶段的基础和条件，后一个阶段又是

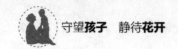

前一个阶段的延续和发展，各个阶段都是紧密联系的。所以，家庭教育也应按照这样的顺序进行，不能颠倒或跳跃。

3. 抓准时机，进行教育

儿童、青少年在不同的年龄阶段，身心各部分变化发展的速度不是完全一样的，达到成熟期水平的时期也是各不相同的。某一方面的成熟期或关键期意味着这一方面为接受教育和学习做好了准备，在这个时期对这方面进行及时教育，就可能在最短的时间内得到最好的发展。如果错过了成熟期与关键期，教育和学习的时间就会增加，甚至终身难以弥补。所以，要抓住适当时机，对孩子进行教育。

第二章
Chapter 2

多一些耐心，
呵护孩子慢慢成长

孩子的成长不可替代

家长，你只需要耐心一点点

好的教育都不是立竿见影的

慢养才会成大器

教育孩子，从了解孩子开始

教育需要等待

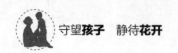

孩子的成长不可替代

　　孩子的成长是孩子自己的事，家长只能协助，不能代替。**家长的代替，不仅会在孩子心中埋下愤怒的种子，也会影响孩子能力的发展。**如果家长不放心孩子，孩子就会在无形中接受家长投给自己的这种担心和不信任，长此以往，孩子就会真的认为：我不行，有问题我得请教爸爸妈妈。

　　孩子不是一开始就认为自己不行，而是接受了家长给他的信号才会这样认为！孩子的成长需要体验，有意识让孩子从小吃点苦、受点罪、跌几个跟头，不仅可以丰富孩子的社会经验，更能使他在挫折中悟出道理、锤炼本领，为人生的成长积累面对挫折的勇气和独立处理问题的良好心理素质。

　　一位母亲为他二十岁的儿子伤透了心，不得不去请教心理专家。

　　专家："孩子第一次系鞋带打了个死结，你是不是从此就不再给他买系鞋带的鞋子？"母亲点点头。

　　专家："孩子第一次自己刷碗的时候溅了一身水，你是不是从此不许他走近洗碗池？"母亲又点点头。

专家："孩子第一次自己动手整理床铺，用了很长时间，并且弄得歪歪扭扭，你是不是不耐烦地把孩子推到一边，替他重新整理？"母亲惊愕得看了他一眼。

专家："大学毕业后，你是不是又动用了自己的权利和关系，为他安排了前程？"母亲更惊愕了，连连点头。

最后，专家肯定地说："现在你的儿子是不是工作没业绩，与同事处不好关系，还对你们很暴躁，完全变成了一个陌生人？"母亲"哇"的一声哭出来："是的，这是怎么回事呀？"

专家严肃地说："你们把所有的事都替孩子做好了，所以，孩子就不会做所有的事了。"

这个故事告诉我们：成长是孩子自己的事！家长可以帮助孩子成长，但绝不能代替孩子成长。可是，在日常生活中，这样一些场景也常常出现：吃早餐时，家长替孩子拌面；早餐结束，家长替孩子擦嘴；上学路上，家长替孩子系鞋带……这些孩子力所能及的小事，如今渐渐都让家长做了。

不可否认，孩子需要家长的抚养，但是，家长为孩子做的不能停留在低层面，应该学会放手，一点一点放，直到他们独立并能帮你做。孩子上了小学，穿衣服、叠被子、洗澡、背书包等，凡是他们自己能做的就都应该交给他们，哪怕他们做得不够好；做饭、刷碗、洗衣服，他们都能做，即使摔碎了杯子、碗，跟他得到的成长技能相比又算什么呢？

如今，很多家长常常感到很困惑：我为孩子做了这么多，这孩子怎么这么不孝顺，不知道心疼我？可是，只有当孩子帮你做的时候，才是懂得爱你！"养儿方知父母恩"就是真理。那么，家长应该为孩子做哪些

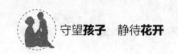

事呢?

1. 给孩子做个好帮手

协助就是处于从属地位,在需要帮助时搭把手,不需要帮助时一边看着就可以了。什么事情是需要家长帮助的呢?比如孩子不能独立完成的事,孩子做的事情有危险时要帮助。

2. 支持孩子的决定

孩子想学什么,想做什么,只要不是坏事,你都要表明立场,成为孩子坚定的支持者。特别是孩子遇到困难的时候、遇到伤害的时候,一定要和孩子站在一起,不要因为孩子丢了家长的脸,就跑到孩子的对立面去。

3. 给孩子正确的引导

孩子来到学校、进入社会,会遇到许许多多的困惑、苦恼,怎么引导确实需要学问。家长要帮助孩子处理来自方方面面的信息,肯定正面信息,剔除负面信息,正确看待中性信息。

比如,孩子说"××买了一双耐克鞋,花了800多元。"家长要说:"我也可以给你买,但是如果你将来有能力自己买的话,你会更自豪。人的外表穿什么不重要,重要的是人要有学问、有品行、有内涵。"

家长，你只需要耐心一点点

保持耐心，对于每个家长来说都是一个巨大的挑战。谁都想做一个有风度、有涵养的家长，但太多的理由又使我们常常事与愿违。

两天前，和同学一起去商场溜达，在儿童专柜前，一个三四岁的小男孩在一堆玩具前流连忘返，妈妈厉声催他走，他却置之不理，充耳不闻。爸爸生气了，走过去一巴掌下去，孩子"哇哇"大哭。可是，孩子也耍起了牛脾气，怎么也拽不走。孩子感到很委屈，大人感到很尴尬。

回来的路上，我们看到一家祖孙三代在街头漫步，也许是小女孩走累了，蹲在地上不愿起来，无论妈妈奶奶怎样大声呵斥，低声软哄，孩子就是懒得走。大人与孩子展开了对峙，双方出现了僵持的局面。

不可否认，这几个家长确实是太不会处理这些小事了，其实，只要给孩子一分钟时间，什么问题都可以得到解决。孩子有时候并不清楚一分钟是多长时间，但口头协议一旦签订，幼稚的自尊心、天生的守信感就会让孩子乖乖听话，在大人说"一分钟到了"时，他们会自觉地停止手里的活

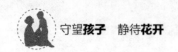

动，心满意足地跟大人回去。

对于孩子的任性和小脾气，家长完全可以想出更聪明、更理智、更平和的处理方式，而不是简单粗暴的一巴掌和大声呵斥。多拿出一点耐心，和孩子讲一讲道理；多一点耐心，听听孩子是不是可以休息一分钟后再继续自己走。

当孩子打破砂锅问到底时，如果家长没耐心，露出厌烦的表情，会烦掉孩子的好奇心；

当孩子慢腾腾穿衣系鞋时，如果家长没耐心，上前帮代劳，会帮掉孩子的独立性；

当孩子要求你陪他玩耍时，如果家长没耐心，忙于自己事，会给孩子带来孤独感；

当孩子正向你诉说苦恼时，如果家长没耐心，打断了话语，也就打跑孩子的亲和力；

当孩子汇报不合格成绩时，如果家长没耐心，来一顿责骂，只会骂掉孩子的自信心；

当孩子因怕挨打而说谎时，如果家长没耐心，给一顿打，只会打掉孩子的诚实观；

当孩子想要你讲个故事时，如果家长没耐心，找借口推脱，只会推掉孩子的求知欲。

……

当家长在四处寻找成功的秘诀，当家长一直在羡慕别人家孩子如此优秀的时候，要想一想，是不是自己本身缺少了一些耐心，这一点微不足道的耐心，却是孩子成功最重要的保证！

好的教育都不是立竿见影的

好的教育方式一般都不会是立竿见影的。在孩子的成长上，家长要投入细致的指导，从点点滴滴中积累。家长一定要明白，孩子现在最缺乏的是什么？最需要帮助的是什么？你希望把孩子培养成为什么样的人？

妈妈和灿灿最喜欢去的地方就是尚街，那里各式各样的小商品琳琅满目，灿灿看得应接不暇。她们先去小饰品区，给灿灿买了头花、卡子，随后灿灿一直耐心地跟着妈妈试衣服，还时不时地提点意见。

出来的时候，她们看到大街上有两位残疾人：一个女的看上去像是个盲人，坐在一个滑板上唱歌；前边，一个中年男子在地上打着滚，拉着车子往前走。走进一看，原来这个人没有腿，而且只有一条胳膊。

当看到人们纷纷给他们钱的时候，妈妈问灿灿要不要给他们钱？灿灿点了点头，之后妈妈给了灿灿5元钱，让她放在箱子里。这件事似乎对灿灿有所触动，在随后的路上灿灿一直沉默着。

中午，灿灿悄悄地问妈妈，那两个人现在上哪儿了？妈妈说："他们那样的情况应该走不多远，也许现在还没有吃上饭呢。""哎，他们真是可怜。怎么没人管他们呢？"灿灿叹了口气。

回到家，灿灿问妈妈："妈妈，我今天表现好吧？""今天的表现妈妈很满意，有爱心，不乱花钱，不乱跑，以后要继续保持这样啊。"

"嗯！"

教育没有立竿见影，只有潜移默化。有时大人磨破嘴皮子和孩子讲道理，孩子不见得能听到心里去，也不见得愿意听，其实给孩子一段消化的时间，让孩子自己学会理解领悟，可能比大人说上十句百句还管用。**遇到事情让孩子自己学着想办法去解决，甚至接受一些小挫折，比一味地听从大人的安排指挥接受的教育更深刻！**

在早期教育时，一定要把孩子的品行教育、品格教育、道德教育、习惯教育放在第一位。家长要确立这样的信念：好的教育方式一般都不会是立竿见影的，好的品质的培养总是更难。绝不能因为教育孩子后没有马上呈现出某种效果，就断定这样的教育没意义，教育孩子，千万不能急功近利！

慢养才会成大器

教育是心与心的触摸和碰撞，是心灵的深刻交流，只有达到高度的默契时，才会产生良好的效果。可是，这种心灵之间的高度默契并不是瞬间爆发的，而是在漫长的教育岁月中，在潜移默化中一点一滴地慢慢浸润、感化而成的。也就是说，教育需要回归到心灵深处，需要慢下来，需要一个持续的过程，如此才会培养出优秀的好孩子。

著名作家冰心小时候所接受的教育就是一种慢教育：

冰心父亲的教育非常生活化，他经常会带着冰心在筑于半山腰屋子的走廊上眺望大海，每次冰心的心都会被辽阔而深邃的大海所感动。

后来，冰心回忆说："我和父亲一起看大海，我看父亲，也看大海，我觉得父亲的胸襟就像是大海一样宽阔、坦荡，做人就应该那样。"宽容、坦荡的为人理念就这样潜移默化至冰心童年的心灵之中。

看海，本来是一件很平常的事，但在闲适散漫之中，却对孩子的心灵产生了巨大的影响。这种"漫步自然"的方法正是"慢养"的一种好方式。让孩子身处大自然的怀抱中，让他们不断地去尝试、去感受，一枝一叶就会勾起他们以往的经历，不管是美好的还是伤心的，哪怕是一点点也能让他们的心灵产生悸动。

教育是一个与孩子接触、交流、沟通的过程，家长要真正走进孩子的心灵，感受他们的心灵世界。这一切，非慢不可能达到。**在教育过程中，只有放慢脚步，才能听到孩子的真实想法，才可以让他们有自己的感悟与发现；只有慢，这种感悟和发现才有了被感知的可能。**

慢养并不要求孩子能够学到多少东西，它注重的是对孩子心灵的触动和启发，是最终的教育质量。教育只有慢下来，才能浸润孩子的心灵！孩子的心灵如同是自然界的果实，只有经历了充足的阳光和风雨的洗礼，才能真正地成熟，其内在的自然韵味才会芬芳无比。可是，"慢养"是需要时间的。那么，教育要怎样地慢下来才能浸润孩子的心灵呢？

1. 给孩子时间，等待孩子慢慢成长

孩子的成长需要时间，他们的各种能力是慢慢培养出来的。家长既不能以孩子将来才能达到的能力水平来要求此时的孩子，也不能急于把自己的迫切教育理想强加在还没有成熟的孩子身上。

2. 不提前，遵循孩子的成长规律

在给孩子选择教育时，要选择适合他们年龄阶段的教育。也就是说，不能超出孩子在自己的年龄阶段所处的认知范围。过早开发孩子潜能，仅仅是做了无用功甚至是负功。

比如让孩子学画画，很多家长很早就把孩子送到专业教师开办的班里去接受规范技巧指导，结果孩子很早就能画什么像什么，这样很容易让孩子丧失应有的想象力和创造力。与其如此，倒不如让孩子敞开心灵自由地涂鸦，体验自由想象、不受羁绊的快乐，之后再在老师的引导下进行绘画。

3. 不拔高，不给孩子增加太多的压力

众所周知，要想让水快一点烧开，可以通过给水加压来达到。如今，不少家长对待孩子也与此类似。许多家长把大部分精力、物力、财力都倾注在孩子身上，希望孩子能够在最短的时间里成名成家。

这种高投入产生的高要求必然使家长少了平常心和耐心，多了苛刻与责难。孩子的自信与能力在这样的压力下往往每况愈下，难如人意。因此，在孩子成长的问题上不要给孩子过大的压力，要在孩子的成长过程中积极地引导，不能对孩子一味地拔高要求，加重负担。

慢教育有一种慢慢浸润心灵、慢慢丰富生命、慢慢滋养的教育之美。家长要给自己的家庭教育生活找寻一个生命的原点、一个思想的源头、一个美好的上游，让孩子有清醒的头脑和从容的心情，去面对各种教育场景及事件；要将孩子从"效率至上"的机械运转及由此带来的精神困顿中解放出来，进入"慢"的教育情境中，恢复教育本来的"慢"性！

教育孩子，从了解孩子开始

不了解孩子，对他就会盲目教育，就收不到应有的效果，还有可能得不偿失。了解了孩子，教育才会有的放矢，才能收到良好的效果。

有个女孩叫梅溪，今年八岁，十分懂事，成绩也很好，爸妈几乎没操什么心。面对这样一个乖巧的孩子，爸爸妈妈都感到十分自豪。可是，随

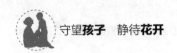

着梅溪逐渐长大，妈妈对她的要求也越来越高，而且逐级上升。

梅溪考试进了班级前五名，妈妈就给她制定了一个前三名的目标。梅溪很听话，说："一定不负妈妈众望。"结果，下次考试成绩梅溪真的挺进了前三名。

接着，妈妈又要求梅溪向第一名冲刺。梅溪感觉自己与第一名相差很远，要超过很难，想对妈妈说出自己的心里话，但沉默了一会，最终没有吭声。妈妈没看出孩子异样的神情，满心期望她下次成绩能拿第一。

可是到了期末考试，梅溪的成绩倒退到十名之后。妈妈以为梅溪贪玩了，就把她痛斥了一顿。第一次被妈妈责怪的梅溪，委屈的泪水在眼眶中直打转。但她还想安慰妈妈，就小声地解释说："妈妈，我是压力太大才没考好，不是没有用心学习。"

妈妈听女儿哽咽着说出此话，再想想梅溪平时用功学习的行为，知道自己冤枉了孩子，她心痛地一把抱住了女儿。这时候，梅溪的眼泪再也控制不住了，哭着说："妈，我真的不想惹你生气，所以一直都很努力，有好几个晚上都睡不着觉，多次做梦都被没考第一吓醒了。"

妈妈听着，眼泪悄无声息地流了下来。这是她第一次听女儿说这样的话，这时候她才发现，原来自己给了孩子这么大的压力！自己太失职了，竟然这么不了解自己的孩子！

孩子分很多类型，有的孩子比较乖巧，像上文中的梅溪一样，一心为别人着想；有的孩子爱自责；有的孩子比较活泼；有的孩子比较腼腆等，你的孩子属于哪种类型，你必须要了解。

了解孩子的途径很多，家长平时可以细心观察孩子的言行举止，多留心孩子的变化，抽空与孩子一起玩耍。**只有掌握了孩子的类型，了解了孩子真实的能力，家长才能给孩子提出合理的要求，最终才能达到教育的**

效果。

家长不仅要了解孩子属于哪种类型，还要掌握孩子的成长规律。只有如此，才不会因误解而错怪孩子。

儿子正读高中，学校老师通过家校联系册向李先生反映：孩子在校的学习状态不好，成绩总是提升不上去，希望家长到学校去沟通一下。

李先生感到很纳闷：孩子早晨起得早，晚上学习到很晚，几门学科都找了老师辅导，作业做了也不少，为什么成绩总是提升不上去？带着疑问，他去了学校。

和辅导老师、班主任交流以后，李先生才发现，原来孩子上课经常打瞌睡，听课效率低，课堂内容没有学透，完成作业就十分吃力。

李先生十分诧异，难道孩子睡眠不足？通过几天的深入了解，李先生发现了真相：孩子用零花钱偷偷买了手机，中午上网、打游戏，午间不休息，下午上课时昏昏欲睡。晚上迫于家长陪伴又不敢早睡，晕晕乎乎地熬到深夜……

显然，李先生的苦恼源于并不真正了解自己的孩子，对孩子关心太少，连孩子买了手机自己都竟然不知道，而只知道一味地给孩子报补习班。没有从根本上了解孩子学习不好的真正原因。

如果家长不了解自己孩子的长板短板、兴趣爱好、生活情况，不能有针对性地采取对策、因材施教，而是凭自己的喜好或主观想象，盲目行动，既浪费了金钱又浪费了孩子宝贵的时间，错过了大好的教育时机。

家长应用心了解自己的孩子，关心他的生活、学习的点点滴滴，从而有针对性地选择科学的教育方法，教育的遗憾或许可以少一些。

教育需要多一些耐心

孩子个人的成长过程不是直线上升的，他们的个性、品质等各方面的形成该是在反复的"碰壁"与"寻求解决"的过程中形成的；如果违反了这样的规律，孩子将会成为"次品"或"废品"。在这个过程中，家长要学会等待！

有这样一个传说：

古希腊有一个叫皮格马利翁的雕塑家。有一次，他在雕刻少女塑像。在雕塑过程中，他对这尊塑像产生了深深的爱情。俗话说得好，诚之所至，金石为开！最后，他的真诚愿望终于感动了爱神，塑像变成了真人。

这个故事告诉我们：真诚热烈的期望必然会产生良好的效果。

家长是一种特殊的职业，所面对的又是一个特殊的群体——孩子，而每个孩子都是不同的，存在各种不同的差异，如家庭条件的差异、自身条件的差异等。可是，我们有选择职业的权利，有选择专业的权利，却没有选择孩子的权利。

当孩子出现错误的时候，很多家长都会在"恨铁不成钢"的心态下，给孩子带去一阵阵的"狂风暴雨"，而孩子在久经此种情形后，终将变得麻木，因此出现了下一次的"暴风雨"会来得更猛些的恶性循环。很少有家长会静静地坐下来"和风细雨"地用真诚去和孩子交流，用等待的心态理智地接受孩子的"犯错"，用乐观的态度采取恰当的行为去引导孩子。为何会如此？因为，很多家长不懂得等待。

如果家长能对孩子寄予真诚的等待，那么对孩子在接受教育教学中的进步必有裨益，尤其是对成绩不好的孩子！在教育孩子的过程中要允许孩子"犯错"，家长应该在耐心地引导中等待孩子慢慢地进步与成长。

苏霍姆林斯基说过："对一个孩子来说，五分是成功的标志，而对另一个孩子来说，三分就是了不起的成就。"每个人的成长都有一定的规律性，而且因人而异、因时而异，只有正视这个差异，教育才会瓜熟蒂落、水到渠成；无视这种差异而揠苗助长，只会欲速则不达，只会物极必反。

等待是一种健康的教育心态，是一门无声的教育艺术，更是一种境界。"十年树木，百年树人"，教育的最高目标是把孩子塑造成有精神有思想的大写的"人"。只有在等待中，家长才会更加冷静，更加理性；只有在等待中，孩子才能得到自我纠正，自我提升！

第三章
Chapter 3

理解孩子，
接纳你的"慢小孩"

认识孩子本来的样子

懂孩子，才能帮孩子

捍卫孩子本有的独特

教育从尊重开始

每个孩子都有优缺点

正确应对孩子的不良情绪

别给孩子脑门上贴"笨"字

认识孩子本来的样子

　　人要想活得幸福快乐，得能认清自己是个什么样子，并且接受自己的这个样子。很多人之所以不幸福，往往都来自不知道自己是谁，不接受自己是谁。对待孩子也是一样！其实，**孩子的成长就是家长带着他认识自我、接受自我的过程。**因此，家长首先要认识孩子，接受孩子本来的样子，而不是用自己头脑中那个完美儿童的概念往孩子身上套。

　　曾经看到过这样一则消息：

　　2014年9月22日凌晨，临澧一中高一学生龙某（男）、游某（男）从学校学生宿舍楼坠地死亡。据当地市公安局通报，两名学生坠亡原因已查明：系因"不堪学习压力"相约跳楼自杀。

　　9月21日晚自习时，两人相约分别写下了遗书。老师查寝熄灯后，龙某向一名同学透露了自杀的想法，多名同学曾加以劝阻。两人以"只是想在外面吹风"为由取得同学信任后，跳楼自杀。

　　惋惜之余，许多家长也在琢磨，其实很多时候，病根或许恰恰出在家长身上！要想让孩子不被期望压垮，家长首先就要给自己"解套"；要认识你的孩子，接受孩子本来的样子！有的孩子不是什么好学生，对家长那种热切期望和自身差距比较有抵触。爸妈想让他考班里前十名，可他也就是三四十名的水平，怎么办？

　　在我们身边，很多家长不这么想，在他们心中，自己的孩子都是天才，动不动就是"我儿子真挺聪明的"，其实能聪明到哪儿去啊？家长对孩子评价高了，自然期望就高了，这么聪明的孩子怎么也得考个前五名吧？考不上前五，那肯定是不努力，回家就得一通教育，从小学一年级就开始如此，孩子得被逼成什么样？

　　谁不希望自己的孩子就是下一个比尔·盖茨？可是，冷静下来想一想，这样去期待孩子，家长和孩子都不会幸福，只能活在"为什么你不如××"的阴影里，等孩子大了，他会反问家长"你自己都不行，凭什么说我"的时候，亲子关系就会破裂！

懂孩子，才能帮孩子

　　不管用哪种育儿方式，有一点是家长必须要做的，那就是理解孩子。**因为只有理解了孩子，你才知道怎样去养育他们！**

　　有这样一个故事：

一天，李女士去广场散步，看见一位年轻的父亲把他一岁多的小男孩放在广场台阶下面，父亲休息的时候，男孩就顺着台阶往上爬。每爬一个台阶都特别费劲，吭哧老半天才爬完一阶。

开始的时候，父亲还站在旁边看着，爬了两阶他就受不了了，抱起孩子噌噌几步走到最高处。结果，孩子不干了，又哭又打。父亲不知道怎么回事，很烦地骂："臭小子，你不是要上去吗？我把你抱上来你还哭？"

李女士走过去，对那个父亲说："你把孩子抱下去，让他重新爬，他就不哭了。"对方一脸不相信的样子，但是孩子在哭，没办法，只好照着做了。当他把孩子抱到台阶下面，孩子立刻止住了哭声，重新爬台阶。他很吃惊，问："怪了，你是咋知道的？"

"咋知道的？"这句话，代表了现今许多家长的教育状态。每个人都有着自己的生长规律，但是大多数成年人都只知道人的生理成长规律，却不知道心理成长规律，上面那个父亲就是这样。

一岁多的孩子正处于腿的敏感期，孩子发现他有两条腿可以使用，会不断地用他的腿感知世界。如果成人不知道这些，阻止这样的探索，孩子就会哭叫；如果经常阻止，不但会让孩子的潜能发展受到影响，还会造成一定的心理问题。

听到这个故事的时候，家长是不是应该反思一下，我们首先应该给孩子什么？孩子要的是什么？

英国人讲，培养一个绅士要经历三代，指的就是人文素质的教育才是真正的教育。中国人也讲十年树木，百年树人，可是在内心深处很少有人这样认为。孩子的成长在不同的阶段，其需求是不一样的。做父母的要懂一些育儿心理，才不会出现给错爱的尴尬，才会少一些"咋知道的？"的感慨！

捍卫孩子本有的独特

每个人最大的资源就是他的独特性，而不是他的共通性。人类所有出彩的人或者事都是因为那个人活出了自己的独特而来的。可是，令人感到唏嘘的是，几乎每个孩子的独特性在家里或学校里都不被尊重。

果果是个5岁的小女孩，从小就表现出了对色彩的兴趣，经常会拿着笔在家里到处"涂鸦"，虽然妈妈经常会用语言制止她，可是她依然我行我素。妈妈很生气，使用了"武力"，结果，果果哭闹得更凶了。

明明是孩子做得不对，可是管浅了孩子不听，管深了又怕阻碍孩子个性的自由发展，果果妈真不知道怎么办了。

其实，果果妈已经陷入了一个教育误区。"棍棒教育""严厉管教"早已是上个世纪的词汇，如今尊重孩子、鼓励他们个性的自由发展才是教育观念的主流。

经常听到大人这样说自己的孩子："你怎么总跟好人两样？！"所谓

的"好人"就是"别人家的孩子"或者"常人"。如果孩子不和"好人"一样，不符合那些"标准"，孩子就不被接纳、不被喜爱，而这是孩子不能承受的，所以孩子们就会在各种程度上泯灭自己的独特性，委屈地适应着大人（社会）的标准。慢慢地，当重复了千万次或者更多之后，孩子就会习以为常，就会习惯性地不顾及自己的感受去适应别人。

如果你问一个成年人他在想什么，他可能立刻就说出来；可是，如果问他内心的感受怎么样，他会愣住，然后说："感受？什么感受，感受有什么用？这件事怎么做才重要。"做事的时候，这些人遵从的逻辑是：我想要怎样喜欢怎样不重要，重要的是别人是否接受，重要的是别人是否认可、是否买账。

按照别人的标准来写作和生产，只能做出平庸的东西！乔布斯不迎合需要，而是创造需要，他考虑的不是现在大家喜欢什么，而是"我太喜欢我自己的设想了，我要把它实现"，当产品做到他自己都忍不住要舔一口时，全世界就会爱他爱疯了。

听从自己的内心和适应社会的标准是一个选择的岔路口。孩子怕父母不接受而扭曲自己，成人怕社会不认可而扭曲自己，在这种害怕之下，人们很容易错过自己生命中的宝藏，而去乞讨或适应。要让孩子尊重自己的感受，追随自己的内心，宁可别人不理解不认可，也要按自己的内心来活。

家长要用宝贵的觉知来对待孩子，不要再和孩子说"你看人家谁谁谁"，不要再问"你怎么总和别人不一样"，不要再怕"你将来可怎么适应社会"，而要告诉孩子：你的感受是重要的，你的喜好是重要的，你的理解是重要的，只要追从自己的内心做好自己就可以了！这是孩子唯一的责任，也是孩子最大的荣耀！

教育从尊重开始

真正的教育必须从尊重开始。

14岁的女儿是个懒散的人，房间里总是弄得乱七八糟。

星期六，妈妈推开女儿的房门，进去帮她打扫卫生。女儿看到妈妈进来，不高兴地摆摆手："你进来干嘛！出去！"

妈妈不顾女儿的抗议，拿起扫帚扫起来："不懂收拾，看你的房间都脏成什么样了？"

"没看见我房门上贴着'请勿打扰'的告示吗？不要随便进我的屋子好不好？要进来也应该敲门呀！"

"那以后你自己把房间弄干净啊！"

"那是我的事，不要你管！"

"你这孩子，怎么和大人说话呢？"

"妈妈，你应该尊重我啊！我也是大人！"

妈妈生气地从女儿房间里退出来。果然，在女儿的门上挂着一个漂亮

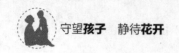

的挂饰，可以用手拨动，每拨一格就有相应的话出现，如"我正在看书，请勿打扰"或"进门之前先敲门"等。

要让孩子尊重你，你首先得尊重孩子！有些家长认为，孩子是自己的私有财产，孩子必须一切听从大人的安排；他们把孩子置于完全依附家长自己的位置上，没有把他们当成一个独立的个体来对待。一旦孩子的行为与他们的意志相左，或达不到他们的期望与要求，斥骂、棍棒就会随之而下。可是，要知道，**孩子最初的受人尊重的感觉是从家长那里得到的**！尊重别人的意识也是在日常生活中经过多次的训练、教育，不断地强化而逐渐建立起来的。

当家长在教育孩子尊重父母、尊重他人时，父母也要尊重孩子，不要把孩子当成是自己的附属物，应该把孩子当作一个独立的个体来尊重！

1. 尊重孩子的基本权利

随着社会的进步，尊重儿童权利的问题日益受到人们的重视。1959年联合国大会首次通过了《儿童权利宣言》，1989年又通过了《儿童权利公约》，明确规定了儿童的生存权、发展权、受保护权和参与权。

《儿童权利公约》是人类在对待儿童问题上的最重要的文明成果，是约束现代各国儿童政策的国际性公约，也是当今成人正确对待儿童、家长善待子女的指导思想。作为现代社会的家长应该关心和了解这些知识，并努力实践之。

2. 遵循孩子成长发展的自然规律

儿童的发展过程是一个自然的进程，孩子的生理和心理发展均有其自身发展的内在规律。在教育孩子的过程中，如果违背了孩子发展的自然规律，只会将事情搞僵，不仅达不到家长的预期效果，还会影响孩子的正常发展。

在学龄前儿童的教育中，很多家长缺乏等待孩子自然成长的耐心，会迫不及待地要求幼小的孩子学这学那，过早地让孩子投入到所谓的"学习"环境之中，把识字、拼音、计数、外语当成早期教育的全部内容。这种片面的认识和盲目的举动背离了孩子的自然发展规律，只会加重孩子的认知负担和心理负担，很容易产生不良后果。

调查显示，上海市儿童的梦呓、磨牙、夜惊、梦游、五岁以上孩子遗尿等睡眠障碍的发生率高达46.97%，其中一个重要原因就是学习压力过大。孩子过早进入学习阶段，免不了会遭遇种种困境与失败，很多家长只是一味地批评、责骂孩子，却很少检讨自己的心态和行为。家长在急于求成的心理驱使下，只接受孩子的成功，不接受孩子的失败。在这种状况下，尊重孩子就更谈不上了。

其实，孩子需要的是自然发展的时间表，家长应让他们逐个地、循序渐进地走完每一个发展阶段。

3. 尊重孩子的独立人格和自我意识

孩子是一个独立的个体，虽然年幼，但他们有独立的人格和自我意识，有自己的想法和观点。家长不能因孩子弱小、对成人有依赖，而无视他们独立人格和自我意识的存在。

孩子的自我意识是孩子社会适应性发展的基础，没有良好的自我意识就没有良好的社会适应性。自我意识包括自我感觉、自我评价、自尊心、自信心、自制力、独立性等。在孩子成长的早期，如果这些素质发展不好，就会影响他们日后适应社会的能力。

在两三岁时，孩子的自我意识逐渐形成，他们会提出"我自己来""我自己做"的要求，并跃跃欲试地尝试着做每一件事，这是孩子心理发展到一定阶段的正常现象。如果家长担心他们做不好，总是包办代替，就会剥夺孩子学习与锻炼的机会。到时候，如果孩子什么也不会做或

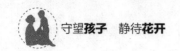
什么都做不好，又会受到家长的指责与埋怨，对孩子来说是不公平的！

随着孩子年龄的增长和独立意识的增强，家长要通过各种方式以实际行动给孩子以支持，比如信任孩子、让孩子拥有独立的空间、给孩子支配时间的自主权、尊重孩子的选择、善待孩子的朋友等。

4. 给孩子一定的自由空间

经常听家长说，现在的孩子不愁吃不愁穿，要什么有什么，真是身在福中不知福。可是，孩子们却说，爸爸妈妈总是逼着我学这学那，一点儿自由都没有，真没意思！为什么孩子备受宠爱，却反而感受不到快乐？为什么家长为了孩子省吃俭用，却得不到孩子的理解？

其主要原因就在于：家长总是以自己的愿望和感受来替代孩子的主观需求，忽视了孩子的心理需求。其实，除了吃好穿好的需要外，孩子还有渴望得到尊重、渴望独立自主、渴望自由创造的需要。只有满足了这些需要，孩子才能感到真正的快乐和幸福。

在成长的最初几年里，孩子是用身体、活动、游戏来感觉世界和认识自己的。可是，很多家长却剥夺了孩子的这种学习方式和活动权利，用各种各样的学习安排把孩子活动的时间和空间都占据了，这对孩子的发展十分有害。

研究表明，受家长支配太多、指责太多的孩子自我激励能力就会很弱，创造能力和想像力的发展也会受到压制，好奇心更会受到打击，如此他们是很难发现自我价值的。同时，如果孩子过早地承受了太多的学习压力，就会早早地失去童年的乐趣，如此必然会影响到他们的社交能力和其他各种能力的发展。

尊重孩子，就要把自由和独立还给孩子，让孩子自主选择自由探索。在孩子成长的每一个年龄阶段，都有其特有的身心发展特点和生活内容，家长要给他们一定的自由空间，把原本属于他们的权利还给他们。唯有如此，才能挖掘出孩子身心发展的巨大潜能。

5. 正视孩子间的差异

每个孩子的遗传因素和生长环境都是不同的，孩子间必然会存在一定的发展差异，这是很正常的。可是，有些家长总喜欢拿自己的孩子与别人的孩子比。当自己的孩子比别人强时，家长就沾沾自喜；反之，就会不停地数落、讽刺、挖苦孩子，这样很容易使孩子消沉、迷惘。孩子年龄小，见识少，往往以家长、他人的评价来评价自己，过多的批评、责骂容易使孩子迷失自我。

每个孩子的身心发展特点都是不同的，家长既不能用别的孩子的长处来比掉孩子的自信，也不要因孩子某方面的欠缺而否定他的一切，更不能照搬其他孩子的成功个案来培养自己的孩子。家长要有足够的勇气承认并正视孩子间的差异，要怀着沉稳的心态耐心引导孩子，让孩子以自己的速度成长。须知，对孩子的信任与尊重是促使孩子健康成长的最佳营养品。

当然，**尊重孩子并不是一味地顺从孩子，而应追求尊重与要求的和谐统一**。作为家长，要放下架子，把自己放在与孩子平等的位置上，努力寻求与孩子心理上的沟通与默契；要爱孩子，尊重孩子，使他们从中感受到家长的爱和自身的价值，并由此学会尊重家长、尊重他人，这才是有效的教子良方。

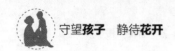

每个孩子都有优缺点

家长都希望自己的孩子自信十足，作为家长，我们有责任发现每个孩子的优缺点，为孩子打开自信之门，帮助孩子走向更宽广的未来。

1. 善于发现孩子的优点

每个孩子都是不一样的，每个孩子都有自己的优点和缺点。在我们身边，很多家长都喜欢拿别人家孩子的优点和自己家孩子的弱点相比较，这是育儿中的大忌！

在孩子的幼儿时期，有的家长羡慕谁家孩子的动作更好，羡慕谁家孩子的语言能力更强，之后就会不由自主地拿一些日后孩子都会自己掌握的能力而去相互比较，要知道，只不过有些孩子提前具备了某些能力，而并不是你的孩子不行。

到了上学的年龄，家长最爱比较的莫过于孩子的学习了，每次考试都恨不得知道班上每个同学的成绩。如果自家孩子成绩高了，就会沾沾自喜；如果孩子得成绩有所下降，就会对孩子训斥一番；就连孩子写字也要比，谁写得难看，谁写得慢。其实，在这些喋喋不休的教诲和攀比中，家长都犯了最不应该犯的错误，会严重打击孩子的自信心。孩子是弱小的，他们的心灵是脆弱的，家长的语言攻击、家长的相互比较、家长看似苦口婆心的教诲都在告诉孩子：你不行，你比不上别人！

孩子出生的时候，初为家长的喜悦让我们相信每个孩子都是天使，那时候在家长的眼里、心里，自己的孩子总是最好的。可是，随着孩子的成长，家长的心态就不一样了。其实，孩子没有变，变化的是家长的心态，总是觉得人家的孩子好，开始烦自家孩子的缺点。

家长要以最初的心来对待自己的孩子，因为每个孩子都是不一样的，即使是一个看似浑身都是缺点和毛病的孩子也会有自身的优点。而这些优点很有可能外人发现不了，需要家长去细心发现，并给予呵护。我们相信，每一个善于发现孩子优点的家长都会收获一个自信的孩子。

2. 欣赏孩子、赞美孩子

家长要学会欣赏自己的孩子，在发现孩子优点的同时，给予孩子适度的赞美，时刻以欣赏的眼光和心态来看孩子。在鼓励声中长大的孩子，你想让他不自信都很难。

小柯很调皮，经常会给父母招惹一些小麻烦，但有时也会主动做些好事，比如：把摔倒的小朋友从地上扶起来、帮邻居家老奶奶捶捶背等……

看到小柯帮助人的时候，爸爸、妈妈总会充满喜悦地赞扬他："我家小柯真懂事，这么小就知道帮助别人，将来长大了一定会了不起！"

在父母的赞扬声中，小柯更懂事了，更喜欢帮助别人了。

一个特别淘气喜欢破坏的孩子也可能有一颗善良的心；一个安静的孩子可能是一个细心的懂得坚持的孩子；一个写字不好的孩子有可能拥有很好的发散性思维，或者拥有良好的数学能力。

欣赏，对成人来说是很重要的，在别人欣赏的目光中，我们会更尽力地做好事情，孩子亦然。家长的欣赏是孩子进步的阶梯，每个家长都要以最柔软的心来欣赏自己的孩子，让孩子快乐、幸福、自信。

3. 言传身教，以身作则

家庭环境对孩子性格的塑造有着不可低估的影响力，家长的行为习惯对于孩子的影响也不能低估，因为孩子一直都是踩着家长的脚印前行的。

有一个女孩叫彤彤，学习成绩特别优秀，考试每次都是名列前茅；彤彤品德也很好，性格文静、和善。家长会上，班主任对彤彤提出了表扬，家长们纷纷让彤彤妈介绍经验。可是，彤彤妈却说："我们从来没有教过孩子，既没有教孩子读过书，也没有为她请过家教，孩子好像天生就很乖，不用教似的。"

后来，人们才发现，原来彤彤的爸爸妈妈都很喜欢读书学习。每天，下班回家，吃过饭后，父母便都会到自己的房间里去学习钻研。虽然家里有电视，但电视很少打开。而且，大人之间从来没有红过脸、吵过架，大家互相尊重，互相礼让，整个家庭充满了浓厚的学习氛围与和睦的磁场。

彤彤受到熏陶，不仅学习成绩很好，品德也像父母一样，和善而端正。

今天，已为人家长的我们都能从自己身上或多或少地找到自己家长的影子。同样，孩子也在踩着我们的脚步行走，我们有怎样的好习惯和不良习惯，都会被孩子无形中模仿。所以，想拥有一个自信的孩子，首先就要给孩子一个充满了爱的家庭。如果家长间经常争吵不断，气氛不融洽，孩子怎么会有积极向上的心态呢？

生活中，家长要注意提高一下自己的知识水平和品格素养，因为这些东西都会潜移默化地转移给孩子。**你想要一个什么样的孩子，就要塑造什**

么样的自己。一个自信的孩子必然来自良好的家庭氛围，来自自信的家长和良好的家庭行为习惯！

正确应对孩子的不良情绪

要想做成功的家长，只有爱是不够的，还要了解和分享孩子的想法、感受和内心需要，正确应对他们的不良情绪，比如愤怒、悲哀和恐惧。这样，才能在自己与孩子之间建立信任和爱的桥梁，使孩子成长为更成功、更快乐的人。

有这样两个案例：

案例一：

乐乐感冒还没有完全好，要吃冰淇淋，妈妈不同意。乐乐生气地挥着小拳头打妈妈，边打还边嚷嚷："打死你，打死你。"妈妈看到儿子这样对自己，狠狠地打了儿子一个耳光。

案例二：

朵朵是个内向的小女孩，不喜欢说话，一遇上不高兴的事，就狠狠地咬自己的手。小手上留下一个个的小牙印，妈妈看到女儿这样做，狠狠地说："不想要手了？剁掉！"

案例一中，乐乐用打人来发泄自己的不满；案例二中，朵朵则是用伤害自己的方式来宣泄自己的情绪。这两种应对不良情绪的方式都是不正确的。

正确应对孩子的不良情绪，是情绪调节非常关键的一步。面对孩子的情绪问题，家长的一些错误做法往往会对孩子造成再次伤害，让孩子感到压抑、自卑、冷漠、内心冲突等，很多亲子关系方面的问题和孩子的心理困扰往往就来自于此。

从心理学上看，情绪的背后都有着各种各样的愿望和需要，负面、消极情绪的出现不一定就是坏事。如果能够一步步、耐心、有爱地去协助孩子理清情绪背后的在意点，家长就可以理解孩子的心灵世界、知道孩子的心理在哪一方面需要积极的引导和关爱。透过一次次的调节和转化，孩子的情绪调节能力、自我认知能力就会越来越好，心理能量就会越来越大，自然会健康、快乐地学习、生活和沟通。

那么，如何处理孩子的情绪才是最科学有效的呢？可以遵循这样几个步骤：

步骤1. 接纳孩子的不良情绪

当孩子心情不好的时候，首先要接纳孩子，可以直截了当地说出你看到的通过孩子身体（重点是脸上）流露出的情绪。如："××，我看你似乎很伤心的样子，可以告诉我发生了什么事吗？"或者"你看起来好像不高兴，什么事让你生气呀？"

作为处理情绪的第一步，这样的"肯定"可以向孩子表达出这样的含义："我已经注意到你有这种情绪了，我接受有这种情绪的你。"

家长须明白：跟所有人一样，孩子的情绪也不是无来由的，而是有原因的；对孩子来说，原因都很重要。试着站在孩子的角度，你会更容易接受孩子的情绪。需注意的是，无论孩子怎样回应你，你都应该让孩子知道，你尊重并完全接受他的感受。

步骤2. 分享孩子的不良情绪

所谓分享就是帮助孩子捕捉内心的情绪。孩子对情绪的认识不多，也没有足够和适当的文字描述情绪，让他们将内心的感受正确表达出来是比较困难的。

家长可以给孩子提供一些情绪词汇，帮助孩子把那种无形的恐慌和不舒适的感觉转换成一些可以被下定义、有界限的情绪类别，刻画出自己当时的内心感受。例如："那让你觉得担心，对吗？""你觉得被人错怪了，很生气，是吗？"

事实证明，孩子越能精确地以言辞表达他们的感觉，就越能掌握处理情绪的能力。例如，当孩子生气时，他可能会感到失望、愤怒、混乱、妒忌等；当他感到难过时，可能也会感到受伤害、被排斥、空虚、沮丧等。只要认识到这些情绪的存在，孩子就更容易了解和处理所面对的事情了。

◇如果孩子急于说出事情的内容、始末、谁对谁错，可以用描述和肯定的语言把孩子带回到情绪部分。例如："原来是这些使你这样不开心。来，先告诉我你心里的感觉怎样？""哦，怪不得你这样反应呢！现在你心里觉得怎样？"

◇孩子需要一些时间去表达他的感受，当孩子正努力地说出情绪时，不要打断他，要鼓励他继续说下去。当孩子有足够的情绪表达后，他的面部表情、身体语言、说话速度、音调、音量和语气等都会变得舒缓。

◇待孩子的情绪稍微平静下来后，就可以继续引导他说出事情的细节了。

步骤3. 不良情绪的肯定与设范

这里的"肯定"指的是，肯定孩子的需要是可以被家长理解的，肯定孩子行为的正面动机；"设范"是指，在肯定正面动机的同时告诉孩子，他的什么行为家长是不接受的，或是引导他看到他的哪些行为是无效的。比如：有的孩子受挫后会打人、骂人或摔玩具，在了解了这些行为背后的情绪并准确地帮他描述感觉，让孩子了解到自己的需要后，应当使孩子明白：某些行为是不合适的，是不能被容忍的。

对于大一些的孩子，可以引导他看到自己期望怎样，他的做法是否会得到他期望的结果。比如："××拿走了你的书，你很生气，妈妈明白你的感觉，你期望能够把自己的书保护好，开心地看，对吗？来，妈妈教你怎么和他商量把书要回来，好吗？"

对6岁以下的孩子，不用深入解释"不对"的理由，除非他主动发问。重要的是让孩子明白：他的感受和期望不是问题，不良的言行才是问题的关键；所有的感受和需要都是可以被接受的，但并非所有的行为都可以被接受。

步骤4. 和孩子一起策划未来

人生的每次经验都会让我们学到一些东西，使我们更有效地创造一个成功快乐的未来。当孩子很小的时候，应该教导他懂得这个道理。经过上述的接纳、分享、肯定与设范三个阶段，孩子已经领悟到：现在我知道我感觉糟糕的原因了，而且我知道引起这些不舒服感觉的问题在哪里，我应该怎样去处理这些问题呢？接下来，家长就可以引导孩子找出更恰当的方法来处理负面的情绪了。

具体来说，可以采用这样几个步骤：

◇问问孩子他想得到些什么，比如：希望自己的彩笔不被别人拿走、自己喜欢的书怕别人翻烂等。

◇与孩子一起讨论解决问题的方法、引导他自己想办法，帮助他做出最好的选择，鼓励他自己解决问题。例如："如果重新来过，除了打他，你能想到其他的方法吗？""下次发生同样的情况时，怎么做会更好？"

◇和孩子讨论：为了避免发生同样不如意的情况，可以采取哪些预防措施。例如："刚才××走过来的时候，你对他怎么说，他就不会拿走你的科幻书？""为了避免你不在的时候别人拿走你的科幻书，你可以想出什么办法？"

◇如果必要，可以以爽快和愉快的态度参与进去，与孩子一起解决问题。

别给孩子脑门上贴"笨"字

"你真笨！"常听到一些家长这样指责孩子，有的话甚至成了口头禅，即使家长心中不是这样想的，也会经常脱口而出。

李女士下班回到家，读幼儿园大班的女儿小优已经趴在桌上做数学题了，奶奶正在旁边教她。小优早就会计算"十以内的加法"，今天遇到的是"十以内的减法"，可是教她数手指头，拿着手指头不知道怎样减去或拿掉；手把手地好不容易教会一题了，下一题又不会了。

奶奶不断地数落着："嗨，你怎么这么笨，书都读不好的。"小优瞪大眼睛，很委屈，不知该怎么办。小优那双无助的大眼睛着实让李女士惊了一下。她赶忙让老妈去烧饭，让小优去拿7个苹果来。

7个苹果，李女士让她吃了一个，自己吃了一个。吃完后，李女士让小优数数还有几个，这对她来说太简单了。李女士就告诉她："7个苹果，吃掉2个，这就是减少，7减2等于5。"小优一下就理解了。

李女士顺势表扬了小优是个聪明的孩子，这时小优才露出了笑容。接下来的几道题，她也能很快算出来了。

其实孩子不仅不笨，还很聪明。但是，老人不知道，如果经常这样数落孩子，孩子就会觉得自己真的很笨，真的会觉得自己读不好书。**一个人给自己贴上了"笨"的标签，就会影响他一生的发展。**

孩子来到这个世界，最初的自我评价都是从周围人的反应中建立起来的，如果他听到"差""笨"等字眼，使得他对自身的价值不够乐观，在尝试新能力的表现上就会大打折扣。

有一个男孩不明白为什么同桌想考第一，一下子就能考第一名；而他想考第一，才考了全班第21名。回家后，他问："妈妈，我是不是比别人笨。我觉得我和他一样听老师的话，一样认真地做作业，可是，为什么我总比他落后？"妈妈不知道该怎样回答。

又是一次考试。这一次，男孩考了第17名，而同桌还是第一名。男孩又问了同样的问题。妈妈真想说，人的智力确实有三六九等，考第一的人，脑子就是比一般人的灵。但她知道，如果这样说，孩子也许就此认为自己是个愚笨的人，而放弃努力。可是，她还是闭上了自己的嘴巴。

男孩小学毕业了，虽然依然没有赶上同桌，但他的成绩一直在提高。毕业后的暑假，母亲带男孩去看了一次大海，就是在这次旅行中，母亲回答了儿子的问题。

母亲坐在沙滩上，指着前面，对儿子说："你看那些在海边争食的鸟儿，当海浪打来的时候，小灰雀总能迅速地起飞，它们拍两三下翅膀就升入了天空。而海鸥总显得非常笨拙，它们从沙滩上飞入天空总要花费很长时间。然而，真正能飞越大海、横过大洋的还是它们。"

后来，这个男孩以全校第一名的成绩考入了清华大学。

哈佛大学教授霍华德·加纳德的多元智力理论告诉我们：每个幼儿都有自己的优势智力和弱势智力，没有"笨孩子"的存在，孩子与孩子之间是不应加以横向比较的。家长的评价往往是从语言智力和数理逻辑智力角度来评价的，所以常出现评价误区。家长对孩子的评价说出来以后并非搁在那儿对孩子没作用，而是一种指导和暗示。所以，家长对孩子的评价不能随心所欲、信口开河，给孩子贴上"笨""傻"的标签。

作为家长，不但不能说孩子"笨"，还要想办法让孩子坚信自己行，通过自己的努力一定会做得更好，孩子才会有学习的内动力，才会向着家长期待的方向发展。

第四章
Chapter 4

慢养第一步，
学会亲子沟通

和孩子沟通，需要从小培养

走进孩子的世界，和他融成一片

唠唠叨叨不是爱

知心话，要饱含深情地说

担心孩子，也要学会变通

批评孩子，要客观

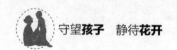和孩子沟通，需要从小培养

有的家长觉得，孩子大了特别是到了青春期时，与他们沟通起来非常困难。孩子什么事都不愿意与家长说，心事宁愿选择憋在心里。有时家长想关心一下孩子是否遇到什么问题，或者有什么心里纠结，想帮他们分析一下，也会吃很多孩子的闭门羹。家长为什么会陷入如此的教育困境呢？究其原因，很大一部分原因就在于，家长没有意识到，与孩子沟通的习惯应从孩子幼小时培养！

从小，周女士就和女儿晓玲养成了沟通的好习惯。幼儿园如此，小学更是如此。升入小学之后，每天晚上睡觉前的20分钟，周女士都会和女儿躺在被窝里聊天，比如学校发生什么事了，班里同学谁受到老师表扬了……之后，女儿才会甜甜地睡去。

这天，晓琳放学回家后，对妈妈抱怨说："今天，老师当着全班同学的面批评了我。"妈妈问："你做什么坏事了？"晓琳瞪起眼，生气地说："我什么也没干。""不会吧，老师是不会无缘无故地批评学生的。"

晓琳重重地坐在沙发上，不开心地盯着妈妈。妈妈说："我肯定，你当时一定觉得很尴尬，因为老师在全班同学面前批评你。"晓琳抬头看了妈妈一眼："是的！"妈妈接着说："我上小学的时候，也发生过这样的事。当时，我只是上课的时候和同桌说了一句话。结果，老师发现了，将我叫了起来……"

晓琳感到一阵轻松，饶有兴趣地问："真的？我也只是在上课时和同桌说了一句话。我觉得老师批评我，不公平！"

"是的！但你能不能想个办法，今后减少这种事情的发生呢？"

"上课的时候，不和同桌说话。"

"这个主意不错！"

在孩子的发展教育中，沟通的作用是很大的！不仅能及时发现很多问题，还可以帮助孩子疏散一定的心理问题，促使其健康成长，少走弯路。可是，良好的沟通关系却不是一朝一夕建成的。在孩子小的时候，如果家长没有和他建立、培养起良好的沟通习惯，就不要抱怨孩子长大后遇到问题时不愿和自己沟通了。

当孩子还小时，孩子还没有拥有自己的"秘密"，天真而简单。这时候，很多家长都错误地认为，孩子还小，没什么好沟通的，就把自己摆在高高在上的地位上。殊不知，要想和孩子建立起良好的沟通关系，就要在孩子很小的时候多和孩子交流，忽视了这一点，是很难补救的！当家长觉得有必要和孩子沟通时，因为事先没有养成沟通的习惯，沟通也就变得困难了。因此，家长要以极大的爱心和耐心从小培养孩子的这个好习惯！

1. 多和孩子聊些"小事"

对于日常生活中的教育，家长可以经常和孩子聊"小"事，比如"你刚才捡的玻璃球喜欢吗？""妈妈发现了一只很奇怪的虫子！""你刚才

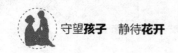

跟同学闹别扭了很难过，对吗？妈妈愿意听你说说。"等，只要是孩子感兴趣的话题，都可以随时和他聊聊，时间长了，孩子就会养成和家长沟通的习惯。

2. 多和孩子做点"小事"

除了"聊"，家长还可以常和孩子做"小"事，如跟孩子散步时看花看草看虫鸟、陪孩子叠积木讨论小窍门等，让孩子感受到家长与他们相处的诚恳，如此在和家长沟通时才感觉更自然平等。

3. 多从"小"问题问起

询问尽量具体，让孩子明白我们想要聊什么方向，而不需要猜测或者整理思路，比如"今天你的同桌吃饭还一直说话吗""今天有尝试举手回答问题吗"等"小"问题。

4. 尊重孩子的"小"情绪

孩子也有情绪不良拒绝沟通的时候，这时千万不要责骂批评，如果该事情的沟通非常必要，可以说"这事情很重要，我们希望跟你谈谈。如果现在不是时候，我们饭后再聊，好吗？"首先要和孩子强调沟通的必要，然后再商定一个合适的正式沟通时间。需要注意的是，孩子出现情绪时沟通的时间要尽早，以免事情过去太久错过沟通的有效时机。

走进孩子的世界，和他融成一片

有位教育名家曾经说过："多蹲下来听孩子说话，你看到的将是一个纯真无邪的世界。"也就是说，家长只有走进孩子的世界，放下成人的架子，才能真正了解孩子的心理和需求，真正了解孩子的内心世界。

姗姗正在上小学六年级，学习中等，平时和父母相处得不是太好，有什么事情也不愿意告诉父母。期中考试结束了，姗姗的成绩不理想，感到特别沮丧。她知道，妈妈一定会责怪自己，于是回到家后便躲进了自己的房间。

妈妈敏锐地觉察到了女儿的不正常情绪，于是走到女儿的房间。可是，房门却锁着。她大喊着，姗姗只好打开了门。一进门，妈妈便开始对姗姗进行批评教育。面对妈妈无端的责问，姗姗气愤地说："我就是故意不考好的！"

听了姗姗的话，妈妈更加生气，质问道："为什么要处处和我对着干？"姗姗说："学习是我自己的事情，与你们无关……不要总是在我面

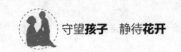

前摆架子，未成年人受着法律保护呢！"

在中国传统思想的影响下，父母与孩子是管理与被管理的关系，大多数父母都不会意识到要与孩子建立起平等的朋友关系。因此，很多家长都会发出这样的抱怨："我的孩子什么事情都不愿和我们讲。"而孩子却诉苦说："爸爸妈妈不理解我的需要，他们想对我说的时候就说个没完，可是我想说的时候他们却心不在焉。"

其实，**孩子是家长的一面镜子，他会折射出家庭教育成功的一面，也能折射出家庭教育失败的一面。**孩子的内心世界里有许多事情、感受和小秘密，他们很希望爸爸妈妈能真正走进他们的内心，了解他们的小世界里的所有欢乐和烦忧。当家长对他们的小世界漠不关心的时候，孩子就会很失望，甚至出现一些问题行为；孩子并不是机器，也是一个平等、独立的个体，也需要得到尊重与理解。因此，要想和孩子保持畅通的沟通，家长就要放下架子，以一种平等的姿态与孩子交朋友。

孩子的权利是需要得到尊重的，他的想法和看法也许幼稚，但同样也需要得到理解，走进孩子的世界，和他们融成一片是每个家长都应该做到的！

1. 认真倾听孩子的讲话

在与孩子沟通的时候，家长要表现出热情、有兴趣的神情；应当高高兴兴地与孩子交谈，认真倾听孩子的话语，正确理解孩子的想法和感受；当孩子讲话的时候，不要打断他、不要指责他，并能从孩子的立场去理解他说话的内容，使孩子觉得他是被理解、被重视和被接纳的……只有这样，孩子才会对家长敞开心扉。

2. 经常和孩子交流思想

家长与孩子间经常进行思想上的交流，不仅可以让家长了解孩子的真实想法与内心世界，也可以让孩子体会到家长的苦衷，逐步学会为家长排忧解难，学会主动承担家庭责任。

俗话说："眼睛是心灵的窗户"，"言为心声"。在日常生活中，孩子的话态、动作或多或少都可以反映出孩子的内心世界，家长应注意在平常的一言一行中观察自己的孩子，了解他的喜怒哀乐。

同时，孩子的作业本、笔记本上的小小涂鸦也是他们心灵独白的一部分，从中也可以了解到不少信息，家长完全可以从这些地方入手了解自己的孩子。但值得强调的是，家长应该把孩子当成自己的朋友来看待，而不是被管理的对象。

3. 扩大信息的来源

要想真正了解孩子，就要不断扩大信息来源，例如经常到学校向班主任或者个别任课老师了解孩子在学校的表现、与同学相处得怎么样等情况，这样能帮助家长及时地掌握孩子的思想状况和学习状况，能在孩子需要的时候及时提供帮助，取得孩子的信任。

4. 尊重孩子的隐私

孩子的隐私权是天生的，"没有隐私的孩子是长不大的"，这句话很有道理。孩子虽然是家长创造出来的，但孩子仍然是不同于家长的、独立的个体。因此，家长要想走进孩子的小世界，首先要充分尊重孩子，给孩子一片自由的空间。

5. 做孩子的忠实听众

在家庭生活中，家长应该营造聆听的氛围，和蔼地倾听孩子的讲话。在孩子遇到困难或者挫折的时候，家长要亲切地留在孩子身边，温和地抚摩或搂住他，倾听他的诉说，讲几句关心的话，但不要太多。久而久之，孩子就会对家长敞开心扉，主动把心事告诉家长。

唠唠叨叨不是爱

每个孩子都渴望得到家长的关心和爱抚，但"小大人"意识又使他常表现出不愿接受的样子，尤其不喜欢家长"穷追猛打"式的提问和喋喋不休的说教。对于关心的话，干脆、简练的嘱咐会更加有效。

家长送孩子去上学，出门前，边给他整理衣服边叮嘱他："××，路上要小心，过马路时要等绿灯，遇到生人别随便搭腔，遇到什么困难，记得找警察……"可孩子却头也不抬："妈妈，您真烦人，每天都讲这一套！"

去学校接女儿回家，一路上，边给她擦汗边关切地问："××，在学校听话吗？有没有人欺负你？还记得老师布置的家庭作业吗？"结果，女儿给你的回答却是："妈妈，我的耳朵都要起茧了！"

……

在这样的交流与沟通中，家长一般都越来越无法理解孩子：这孩子怎么越来越讨厌我呢？

有位聪明的妈妈曾在儿子上学前故意问："路上应该注意什么？"儿子快乐而骄傲地回答："注意安全！"由此可见，**对于关心的话，家长干**

脆、简练的嘱咐会更加有效。

这天，我到一位朋友家做客。朋友有一个小女儿，今年5岁，正上幼儿园中班。

刚开始的时候小姑娘还一个人玩得挺好的。可是，后来，却拉着妈妈说要在电脑上看《朵拉》。朋友只好走进书房，给其打开电脑。几分钟之后，朋友出来："我家闺女就爱看《朵拉》！不过这部片子确实不错！"我说："是的！我家闺女也爱看。一看起来就没完没了！"

……

我们俩继续聊天，没过几分钟，小姑娘就出来了："妈妈，我要大的！"朋友走了进去。等朋友出来的时候，我说："是不是让你给放大！"朋友说："是的，原来的视频太小了，我现在已经给她放大了。"

……

几分钟之后，小姑娘又出来了："妈妈，没有了！我还想看一集。"就这样，我们的谈话时不时地都被这个可爱的小姑娘打断。

等朋友终于给女儿找好了新的视频，出来之后，我说："你家闺女都5岁了，完全可以让她自己找。你老是这样帮她，何时是个头？现在的孩子都很聪明，你只要教她一两遍，很快就能学会的！你就不用这么忙了！"

朋友说："是啊！确实挺累的！每次看《朵拉》的时候，都要这样给她来回调、来回找！"我说："我家姗姗会自己开关电脑，会自己找《朵拉》，会自己扩大视频……每次看的时候，都是自己去做！"

朋友听了，睁大眼睛："女儿这么小，就让她们自己动电脑？"我说："一些简单的操作可以交给她们。她们又不是小动物，脑袋聪明得很！"

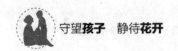
　　一个星期之后，朋友给我打来电话说，她家闺女已经会自己看《朵拉》了，做妈妈的省事多了！

　　一直以来，我们都坚信，孩子是个独立的个体，是人，不是动物。他有自己的思想，有独立的意志，不能将其当做宠物养。每当看到家长对孩子大包大揽的情景，我们都想上去跟他们聊聊。可是，哪个家长不爱自己的孩子？他们之所以要这样做，肯定也有自己的道理。我并不想将自己的观点强加给别人，只想在适当的时候给予及时地引导。

知心话，要饱含深情地说

　　如今，很多家长都想放下身段，和孩子说说知心话，结果却发现和孩子的距离越来越远。这是怎么回事呢？其实，并不奇怪，随着孩子渐渐成长，他内心的秘密越来越多了，有时甚至会用谎言来搪塞家长的关心。

　　如果想与孩子交心，首先要注意营造融洽的氛围，劝导孩子的时候也要注意方式、方法。如此，两代人或隔代人的交流才会在不知不觉中完成，知心话才能为孩子所接受、理解。

　　玲玲是我堂哥的女儿，在幼儿园的时候，她就是一个出色的孩子，能歌善舞、聪明、要强，是班上的小明星。

　　2001年，玲玲带着自信和骄傲进入了小学，她所在的班级是一年级中生源最好的。班里将近一半的女孩都是来自知识分子家庭，个个聪明伶俐，能说会道。

玲玲很要强也很努力，每一次比赛她都会很积极地报名参加，但她从未得过第一名，甚至有时还进不了决赛。我们劝她不要太在意，不要去争取太多，可我们虚弱的语气反而令她敏感地意识到，她的成功会带给我们带来更多的喜悦和骄傲。

二年级的第二学期，玲玲很长一段时间情绪都很低落，学习成绩也受到了一定的影响。她爸爸心里很着急。有一天晚上，玲玲给我打电话，说："明天，我们班里又要进行队干部竞选了。"我问她："你的成绩在班上是不是最好的？"她说："不是。"

我又问她："你的能力在班上是不是最强的？"她说："不是。"我因势利导地告诉她："既然你的成绩在班里不是最好的，能力也不是最高的，你就应该把这次机会让给别人，让别人更好地为班级服务，你要好好地利用时间学习，把成绩提上去之后再去竞争。"

……

我知道，做出这样的决定是非常痛苦的，可是让我欣慰的是，第二天早上，玲玲便给我回了电话："二姑，我考虑好了，这次不参加竞选了！"从那以后，玲玲便全身心地扑在了学习上，成绩一步步地提高了。

到二年级以后，她的学习成绩一直保持在班级前三名，还有两次是全年级第一名。到四年级竞选队干部的时候，班上同学一致推荐她参加，最终以最高票数当选。

要学会自我管理，就要学会"选择"和"放弃"。无论是对于学习任务，还是对于生活物品、行动计划及目标等，都要奉行这一原则——对处于二线的事物，要果断地抛弃。要告诉孩子，必须将最佳的精力、时间，

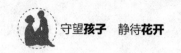

投入到最需要付出的事物上，这样才能获取最大的成功。可是，如果家长喋喋不休，即使家长的初衷是好的，结果也会适得其反。

担心孩子，也要学会变通

在育儿的过程中，有些家长会遇到这样的场景：

场景一：孩子的成绩直线下滑，老师已经找您谈过很多次话了，作为孩子的母亲，您感到特别忧心，于是您对孩子说："你不能再这样下去了，我的脸都让你给丢尽了。"可儿子的成绩却下滑得更厉害了。

场景二：3岁的儿子变成了"小霸王"，不让任何人动他的玩具、零食、动画书，您知道这样不好，可是孩子这么小，说大道理他不懂，于是只好吓唬他："宝宝，将你的东西分一点给大家吧，否则妈妈就不高兴了！"小家伙才不管您高兴不高兴呢，依然"霸道"。

孩子让家长忧心、烦心的事情不少，如何将忧心话语变通说可是一门学问。因为，说得好能使孩子改变坏习惯，得到好心境；说得不好会引起孩子的逆反心理，甚至变成孩子的"心病"。

如果孩子成绩下滑了，家长应该先分析一下原因，然后再有针对性地和孩子交谈，让他明白您的忧心与关心，而不是责骂和训斥。如果是"小霸王"，家长可以让他试着和别的小朋友交换玩具、零食，他一旦感触到友谊和分享换来更多的东西和快乐，自然会改掉这个陋习。对于一些不适合直接同孩子当面说的话题，可采取留纸条、写信、向孩子推荐一篇文章、一本好书等方式进行沟通。**家长间接式的变通做法既可以表达自己的想法，孩子也会更容易接受。**

这天，周女士带着女儿小美去植物园玩。植物园里，女儿又说又唱，很高兴。来到月季园时，她们看到走在前面的一位妈妈摘了一朵月季花递给了自己的女儿。小美看到了，也想让周女士帮忙摘一朵！

周女士觉得，在公园摘花是不对的，而且，应该让女儿学会爱护植物，便对女儿说："花朵也是有生命的！摘她的花朵，会疼的！"说完，她便用手轻轻地踢了一下女儿的小腿肚，女儿"哎哟"一声，周女士说："踢你一下，你就疼得叫唤。将花朵摘下来，月季不是更疼吗！"女儿若有所悟。

很多家长在平时都要求孩子要有爱心，爱心不仅包括对生活的热爱、对老人的热爱，还包括对动物、植物的热爱、对生命的尊重。如果看到植物随便摘，见到动物任意打，孩子如何有爱心？

为了美化环境，很多公园和小区都种有花花草草，这些花草需要大家共同来爱护。家长在平时要教育孩子要爱护花草树木，所以家长要在这方面多一些认识：

看到孩子践踏花草，要及时制止；

看到孩子在用砖头欺负小动物，要加以警告并制止；

如果孩子让你去摘某朵喜欢的花，最好不要，同时告诉孩子：植物是有生命的，折断了"头"它会疼！

看到身边有小狗，不能用脚踢，更不能用东西打……

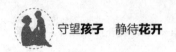

批评孩子，要客观

客观地批评孩子，同时不要故意处罚孩子，让孩子体会到家长的尊重和诚恳，孩子在接受家长意见时自然就会容易得多。

我有个朋友叫蓝梅，她身上有一种女人少有的干练，是某外企的女高管。一天，见到我之后，她直入主题："这段时间，我女儿真是让我大伤脑筋！"

我让她慢慢说，蓝梅顿了顿，接着说："我女儿上重点小学，为了督促她学习，每天我都尽量按时下班，陪她一起写作业；如果我没时间，老公就会陪着她写作业……每天陪她写完作业，我们才能睡觉！可是，最近半个月，他们班主任却接连给我打了两次电话，说我女儿不能按时完成作业。多丢人啊！不按时完成作业！……我问她了，她也承认了。可是，她却没有一丝的悔改之意，依然我行我素，今天中午，我第三次接到了老师的电话……"

听完蓝梅的"控诉"，我说："每次写作业你们都陪着，每次写不完就惩罚，你们就没有想想自己的问题？我觉得，问题就出在这里！不可否认，在教育孩子的过程中，可以对她们实行一些小惩罚，可是，过度的惩罚会女儿产生恐惧。像你们这样，总是批评女儿、惩罚女儿，不逆反才怪呢……"

蓝梅默默地听着，或许，她真的从我这里找到了答案。一个星期之后，她给我打来了电话，说她已经和女儿做了沟通："果然，女儿就是对我们产生了抵触。现在，女儿写作业的时候我们也不陪着了，我们打算给女儿自由……"

现如今，每个家庭几乎都只有一个孩子。在这个孩子身上，家长往往给予了全部的希望。家长都想为孩子提供最好的生活条件、学习条件，同时，也希望自己的孩子能够优秀，能够给自己争面子，因此，很多家长增加了对孩子的关注，如果发现孩子犯了错，就会进行人身攻击，仿佛自己的孩子一无是处！

可是，事实告诉我们，家长的不当言行会对孩子的心态产生影响，所以，如果想纠正孩子知错不改的问题，就要试着从自身做起，检查自己的行为，除去不合适的部分。

1. 给孩子说话的机会

美国教育家塞勒·塞维若认为，无论在何种情况下，家长都应保持冷静的头脑、理智的思维，要说一些孩子能理解的道理，切忌在自己情绪异常的情况下轻易批评孩子。家长批评教育子女，靠强制、压服是行不通的。只有给孩子充分的说话机会他们才能抛弃自己的行为，只有沟通触及灵魂的最深处才有可能使其心服口服。

2. 不要只给孩子讲大道理

美国教育家老卡尔·威特认为，对孩子的批评最重要的是要让孩子心

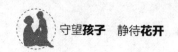

服口服。这话听起来简单，做起来却并不那么容易。

卡尔·威特认为，首先你要用孩子能够理解的道理和事例去教育他们。给孩子讲道理的时候，要给他们说一些容易理解的道理，不能用某种高深难测的东西强行向他们灌输。书本上的道理应该给他们讲，但不能搬弄晦涩的文字，对那种学究式的大道理，孩子是很难理解并接受的。

3. 有些情况需注意

特别应该注意的是：批评孩子不等于惩罚孩子或把孩子当成自己的出气筒。**每个家长都要永远记住：家长的一举一动、一言一行都会对孩子产生永久的影响。**

除此外，在五种情况下不应该对孩子进行批评。这五种情况分别是：

——当孩子和你一起讨论某种个人问题的时候；

——当孩子看上去非常激动又说不清到底是怎么回事的时候；

——当孩子为某件事而激动不已的时候；

——当孩子需要大人帮助他做出决定的时候；

——当家长想让孩子解释或同自己讨论某件事的时候。

第五章
Chapter 5

培养优秀品质，
不可抄近道

培养好品质，靠的是耳濡目染

爱心：从爱家人开始

诚信：一次诚信并不难，难的是坚持

果断：让孩子学会正确处事

责任感：多鼓励他做力所能及的事

自信心：不同的年龄就要做不同的事

战胜自己：在点滴事件中，引导孩子学会战胜自己

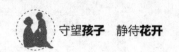

培养好品质，靠的是耳濡目染

生活中，在我们身边经常会看到这样的家庭生活镜头：

吃过饭后，女儿将碗一推，扭头出去玩了，妈妈却在那里忙碌着收拾碗筷、清理桌面；

家里买了好吃的，妈妈总是先让儿子品尝，可是，很少有儿子会请妈妈先吃；

女儿生病后，爸爸会忙前忙后，百般关照；可是，如果爸爸感到身体不适，女儿却很少会去问候……

为什么会出现这种情况呢？难道家长没有教育孩子要尊敬长辈吗？当然不是！事实表明：绝大多数的家长都会教育孩子要尊敬老人，要尊老爱幼，可是，不尊敬家长的孩子却一个个地出现在了我们面前。

一个朋友曾对我们说起这样一件事：

暑假，我带着6岁的女儿丽莎去青岛玩。在海边，女儿用沙子搭了一个大大的城堡，周围还修建了"花园""游泳池""车库"……我问："丽莎，这是什么？"女儿回答说："我的城堡！你看，好不好？"

"真好，丽莎有这么大的城堡，妈妈可要好好享受享受了！"我笑了笑说。可是，女儿却说："这个房子是我的，你和爸爸的房子在这里。"

顺着女儿手指的方向，我看到一个小洞。这个小洞在城堡底下，非常小。女儿解释说："这里安静，你和爸爸应该住在这里。"我听了，吃了一惊，意识到自己做了坏的示范。

事情还要从一个月前说起。那天，我正在收拾地下室。女儿放学回来，过来帮忙。女儿问："妈妈，为什么要收拾地下室？"我不经意地回答说："给你爷爷住！"

女儿听了，又问："为什么要让爷爷住这里？"我回答说："这里安静，家里人多太吵了。老人需要安静！"

女儿听了，抱住我的脖子说："妈妈，你对爷爷真好！"很快，爷爷便搬到了地下室。

真是一个糊涂的妈妈！

俗语说得好："为长不尊"，这样的妈妈对女儿的"孝心"教育肯定是无效的。在我们身边有很多这样的家长，他们要求孩子要孝敬自己，可是自己却对长辈不管不顾，甚至还虐待老人。

孩子的模仿力与观察力很强，他们会以家长的言行为榜样，当他们看到我们怎样对待自己的长辈时，他们也会用同样的方式对待我们。因此，家长一定要善待长辈，关爱自己的爸妈和公婆，尽好做子女的义务，回报养育之恩。

只有家长先做到孝敬长辈，孩子在耳濡目染、潜移默化中才会逐步养

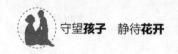

成尊敬长辈、孝敬长辈的好品格。

一个星期天，郭女士带着女儿到商场买了一床羽绒被。女儿高兴地跳上跳下，嘴里不停地说着："妈妈真好，妈妈真好！"可是，郭女士却对她说："这床羽绒被是买给奶奶的。"

女儿有点不乐意了，嘀咕着："我盖的被子已经旧了，这条被子是我的！"郭女士听到了，问："我们还年轻，往后盖好被子的机会都有，爷爷奶奶老了，应该让他们先享受！等以后有了智能被，我们再买，好吧？"女儿听妈妈这么一说，似乎明白了。

把被子抱上楼后，老人开始埋怨郭女士："你们呀！赚钱不容易，孙女又在上幼儿园，买这玩意干嘛！"郭女士回答说："妈，天气冷了，盖条厚被子暖和！"

老人说："把这床被子拿回去，让孙女盖吧，我盖原来的不是挺好的吗？"郭女士急忙打断了老人的话："妈，上慈下孝嘛！您就让我给女儿做个榜样，好不好！"老人没说什么，只是高兴地笑着……

这件事情很快就过去了，不久后，女儿做了一件令郭女士吃惊的事。"六一"儿童节那天，女儿从幼儿园回来之后，将一块糖递给郭女士。

郭女士问："谁给你的？"

"老师给我们每人都发了一块！"

"你自己为什么不吃？"

"我没舍得吃，给妈妈留着呢！"

郭女士将糖果还给女儿，可是女儿却不要，她说："我吃的机会还多，说不定我还能吃上'智能'糖果呢！"

郭女士知道，上次开玩笑说的那句话已经深深地触动了女儿的心灵……

当今社会，为了生活，大家都处在忙碌之中。很多家长不仅要面对大堆的家务事，还要应付紧张的工作。可是，作为家长，不管怎样忙也不能冷落了老人，要在生活上多关心老人。

如果和老人的距离比较远，可以利用假日的时间去看望老人。

如果工作比较忙，就要在周末的时间带上女儿去看望老人。

如果同老人共聚同乐，要主动帮老人做些家务，尽一份子女应尽的责任和义务。

……

时间长了，孩子自然耳濡目染，潜移默化，就会逐步养成尊敬长辈、孝敬父母的好习惯。

🐞 爱心：从爱家人开始

爱心的产生是基于个体的社会性情感需要，它不是人类与生俱来的品质，而是在后天的环境和教育的熏陶下逐渐形成的习惯性心理倾向，必须在童年时悉心培养。**孩子的童心是很柔软的，稍不注意就会被岁月磨得粗糙而坚硬**，家长要对孩子晓之以理，动之以情，从小事上不失时机地培养和保护孩子的爱心。

曾经读过这样一个故事：

养老院里住着一位老奶奶。据说，她一共有四个孩子，三个女儿和一个儿子，但子女从来没有看望过她。

有一个和她关系比较近的老婆婆问她，究竟是怎么回事？老人便断断续续地说了出来：

我娘家的家庭条件比较好，因此，结婚之后，我便很瞧不起婆家这边的人，对待老人经常出言不逊！我还对孩子们说，这么穷的人不配当奶奶！后来，我老公和公公有一次出去办事的时候出了车祸，两人撒手人寰，公公去世后，婆婆得了半身不遂，没过多长时间，婆婆就去世了。

随着孩子的一天天长大，我发现，他们似乎继承了我的这个特点——厌恶老人！尤其是我女儿，更是如此。人们都说女儿是妈妈的小棉袄，可是，我女儿不仅对我不闻不问，还挑唆几个兄弟不管我。

这时候我才意识到，是我自己造成了今天的这个局面。后来，在最小的女儿结婚之后，我便让自己住进了养老院。我知道，他们不孝顺，可是也不能全怪他们，都是我自己种下的恶果，当然得自己承受！

在我们身边，很多孩子都没有爱心，其实，并不是他们不想，而是不会。为什么？因为，他们看多了家长对老人的虐待。如果像故事中的这位老妇人一样，如何来要求自己的子女？如果家长对老人都不管不顾，孩子怎么会有爱心？

爱心是人性光辉中最美丽、最暖人的一缕。没有爱心，没有人与人之间发自肺腑的关爱，就不可能有人类的进步。拥有爱心不仅会使世界变得美好，而且也更有助于人自身的身心健康。对于一个孩子的个性发展而言，没有什么能比爱和善良更重要的了，这是孩子将来亲和社会的基础和前提。

孩子的爱心是通过自然而然的模仿、潜移默化的渗透而逐渐形成的，是一个从外在到内在、从量变到质变的发展过程。在这一发展过程中，家庭是最重要的爱心培育基地，家长是最直接的爱心传播者。因此，孩子有没有爱心，关键在于家长的引导和培养。

1. 做孩子的道德榜样

榜样的力量是无穷的，也是最有效的。家长的行为举止会给孩子留下深刻的印象。要想自己的孩子有爱心，家长就应该率先做出有爱心的行动。

平时在家里，家长应把给长辈倒茶、盛饭、搬凳子视为必做之事，逢年过节以孝为先，给长辈买东西、送礼物，还请孩子参谋该送什么礼物……要关心孩子，对孩子说话温和、体贴，与孩子进行情感的交流，给孩子适当的鼓励和表扬，让孩子直接感受到家长对自己的爱……

如果家长做到了夫妻间互相关心，互相帮助，在给孩子买礼物的同时总不忘给爱人也买一份；吃东西时不忘提醒孩子给妈妈或爸爸也留一份……如果家长平时做了这些，相信孩子也会耳濡目染，从而学会关爱他人，关爱社会。

关爱是一种后天强化的行为，只有家长做出了榜样，孩子才会去模仿，进而转化为自发的行为。因此，家长更要以身作则，在对孩子进行爱心教育的同时，用自己的行为来教育孩子，起到示范的作用，在家庭中营造爱的氛围，感染孩子的心灵。

2. 对孩子进行一些移情训练

当看到其他小朋友摔倒时，你可以启发自己的孩子说："如果是你摔倒了，是不是感觉很疼？小弟弟一定也摔疼了，我们快去扶起他。"这样，孩子的爱心就不知不觉培养起来了。

人们所处的社交范围就像水池中的涟漪一样，会不断扩大，而家庭在这种关系之中是中心，孩子也正是在他生长的家庭中最初学到怎样关心他

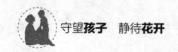

人，从而使他们能在周围的环境中生存。

爱心的培养需要进行移情训练，要让孩子把自己痛苦时的感受与别人在同样情境下的体验加以对比，体会别人的心情，让孩子学会理解别人，体谅别人。比如可以跟孩子谈谈残疾人，可以帮助孩子多从他人的角度看问题，进而培养他的爱心。

3. 在生活中培养孩子的爱心

孩子如果缺乏爱心，只关心自己，只顾自己的快乐而无视别人的痛苦，甚至把自己的欢乐建立在别人的痛苦之上，那是非常可怕的！一般来说，有爱心的孩子往往比较会关爱他人，因此，家长要在生活中培养孩子的爱心。

家长可以利用生活中的事例从侧面来教育孩子关心他人、关心动物。调查表明，幼年饲养过小动物的孩子感情通常都比较细腻，心地善良。相反，从小没有接触过小动物的孩子感情相对比较冷漠，冲动易怒，行为粗鲁，并且会欺负弱小的同学。

只要孩子愿意养小动物和植物，家长应该尽可能地允许他去养，可以在家中养一些小狗、小猫、金鱼等小动物，或者养一些花花草草，让孩子去照顾它们，以培养孩子的爱心。

诚信：一次诚信并不难，难的是坚持

莎士比亚说过："你必须对自己忠实，正像有了白昼才有黑夜一样，对自己忠实，才不会对别人欺诈。"培养诚信品格是一笔最好的投资。每一位家长都应该记住，只有当大人的行为正直而高尚的时候，所坚持的道德观念才能深入到孩子的心灵中去，并支配孩子的思想和感情。

曾经读过一个发生在一对母女身上的故事：

小雪今年10岁，上小学三年级。一直以来，小雪都是一个遵守诺言的好女儿，妈妈也常常以此为自豪。可是，有段时间妈妈却发现女儿学会了耍赖！比如，她们本来商量好了星期天要带着女儿去看姥姥，可是，第二天女儿却赖着不起床。妈妈催了她好几次，小雪依然躺在床上。小雪妈对于女儿的做法心中非常不满，可还没有达到生气的程度。终于发生了一件事情，让小雪妈气愤难当。

星期天，妈妈带着小雪去商场买东西。小雪不愿意跟着妈妈，想自己到处转转。最后，妈妈和她约定两个小时后在商场门口等对方，等不到绝

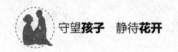

不离开。然后母女俩便分开了。

两个小时后，小雪妈采购完了，来到商场门口。可是，左等右等就是等不来女儿。最后，她只好用手机给家里打电话，没想到是女儿接的电话，原来，小雪早就回到了家里。

小雪妈赶回家说："你回家为什么不给我打电话？害我等了你那么长时间。"可是，小雪却说："又不是丢了！急什么？"小雪妈看到女儿这样不守信用，生气地关上了门。而小雪却一副若无其事的样子，自顾自看着《喜羊羊和灰太狼》。

面对不讲信用的孩子，我们该怎么办？这是很多家长在育儿的过程中经常会遇到的一个问题。受到诚实教育的孩子大多能够开心坦然地生活，问心无愧地面对他人，面对社会和人生。反之，不诚实的孩子总承担着较大的心理负担，严重的会影响身心的健康。

诚信是一种无形资本，从小培养孩子诚信的品格就等于为孩子的未来融资。一个人是否诚信，和他受到后天的环境影响和教育有直接关系，特别是童年时期的引导培养，是一个人形成这一品质的关键。培养孩子的诚信品质，是每一位家长都必须重视的。

诚信既是一种品格，也是一种素质和能力，那么如何培养孩子的诚信品质呢？在此，我们有一些建议：

1. 满足孩子合理的要求和愿望

要想让孩子养成诚信的品格，首先就要满足孩子的合理要求，比如适时地给孩子添置玩具、图书和彩笔等。让孩子意识到，自己需要的东西，只要是合理的又是家庭力所能及的，是会得到满足的。这样可避免孩子因需要不能满足而把别人的东西随便拿回家的现象。

2. 创造一个宽松、愉快的家庭氛围

只有家庭成员相互保持诚实真挚的态度，使孩子感到成人的爱护和关心，他才能够信赖成人，有了过失才敢于承认。如果家庭中充满了怨恨，氛围压抑，家长专制，孩子怎么还会坚持自己的诚信行为呢？

3. 让"诚实教育"主动化

孩子年龄小，要将诚信的重要性告诉孩子，就要把道理具体化、形象化、趣味化。因此，家长可以利用故事，把做诚实人的道理寓于故事之中，使孩子明白什么是诚实、什么是虚假和欺骗，应该怎样做、不该怎样做。

4. 要有正确的教育方法

当发现孩子有不诚实的言行时，要采取细致、耐心的方法，冷静地听听孩子的想法，分析原因，对症下药，切不可急躁、粗暴，更不能施加暴力，进行大骂、体罚等，否则只会适得其反，孩子为了躲避责罚打骂就会说谎。

5. 和孩子建立真诚的关系

"人之初，性本善。"年幼的孩子一般都是非常纯真的，家长要利用这一良好的条件，和孩子建立并保持真诚与互相信任的关系。家长对孩子必须言而有信，以诚相待，如此孩子才会信任家长，有什么事、有什么想法才会愿意告诉家长。

6. 制定一些规则并严格要求

不是自己的东西不能带回家；没有得到别人的同意，不可随便拿别人的东西；借了人家的东西要及时归还；犯了错误要勇于承认；凡是答应别人的请求就一定要想方设法去做好……这些规则一经提出就要严格执行，不能朝令夕改，并要重视克服"第一次"出现的问题。执行规则时，家长要态度坚决，严格要求，切不可迁就、姑息。

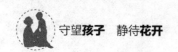

🐞 果断：让孩子学会正确处事

孩子做事拿不定主意、犹豫不决、优柔寡断是意志薄弱的表现。因此，在生活中，凡是孩子能够做到的，家长尽量不插手，给孩子足够的时间去思考和尝试。让他发现自己的能力。当孩子感觉自己有能力去做好某件事时，就会独立地去做了。

曾经在一本书上，我看到过这样一个实验：

洗完澡后，绝大多数小女孩一般都喜欢继续玩水，两位妈妈决定用食物引诱女儿离开浴缸。

女儿洗完澡后，第一位妈妈对她说："如果你现在擦干身体穿好衣服，妈妈就给你拿最喜欢的香蕉吃！"当女儿出来后，妈妈便拿了一根香蕉给女儿。

而另一位妈妈是如何做的呢？待女儿进入浴室后，她就在门外摆上了女儿最喜欢的香蕉。洗完澡后，这位妈妈立刻打开了门，女儿清楚地看到了香蕉。她对女儿说："要么就在水里继续玩下去，要么现在就出来吃香蕉。"女儿回答说："我要吃香蕉。"然后，便高高兴兴地离开了浴缸。

在这个试验中，后一位妈妈把香蕉放在了女儿可以看到的地方，让女儿从心里感觉到从头到尾都是自己的选择，她得到的是自己选择后的结果！

不同的教育方法，孩子对选择的认识自然也不同，第二个女孩会经历思考、比较之后再进行选择，不管结果好坏，都是自己的责任。第一个女孩却是根据妈妈的话来判断，如果结果不合意，很可能会把责任推给妈妈。

一味包办代替或过多干涉孩子的事情，孩子就没有独立做事的经验，一旦遇事让孩子拿主意时，孩子就会不知所措转而寻求别人的帮助。为了让孩子做到这一点，家长可从以下几方面去锻炼孩子：

1. 放手让孩子去做力所能及的事

孩子一般都有着极强的好奇心，一般都愿意参加一些活动。家长要尽早让孩子练习一些基本的生活技能，如穿衣、穿鞋、擦桌子，独立完成一些简单的事情。只有给孩子独立生活的机会，才会让他们成长为独立、有主见的人。如果孩子思想上对家长非常依赖，在行动上如何能独立？当孩子遇到困难时，家长最好不要直接替孩子去做，而要引导他们学会独立思考，间接地将正确的做法交给孩子，让他们自己去体验、去选择。

2. 给孩子自由，鼓励孩子下决心

一个人在做出一个决定之前，需要考虑利弊得失。家长应在一定范围内给孩子充分自主的机会，让孩子有自我决策和选择的权利，凭自己的思考、能力去决定做什么事以及如何做。

家长应当从小给孩子提供选择的机会，比如孩子大吵大闹时，让他在"继续吵闹"和"不继续吵闹"中选择，相信用不了几次，孩子就会知道

"继续吵闹"没有用，也就不会用吵闹来要挟家长了。如果家长一直大包大揽，孩子没有学习选择的机会，长大后，也就只能依靠家长帮他们做出选择了。

3. 客观、正确地评价孩子做的事

如果不尊重孩子的选择，时间长了，他们会认为自己的想法可有可无；有的孩子甚至还会索性听从家长的安排，这样他们就放弃了自己的观念，只能随波逐流；有的孩子为了引起妈妈的重视，可能会变得倔强和叛逆，这样就更危险了。

家长对孩子要求不要过高，要多鼓励、少批评。对孩子竭尽全力也没做好的事，家长要给予理解，还要告诉孩子"没关系，以后再慢慢努力。妈妈小时候也常常这样"。家长正确的评价可减轻孩子的心理压力，下次做事，他会再一次鼓起勇气去做。

4. 给予孩子必要的帮助

如果从小到大，孩子的选择权都掌握在家长手中，那么长大后遇到问题就会经常性地抱怨家长。可是，如果家长一直给他们提供选择的机会，即使孩子长大后出现了选择错误的情况，也只会怪自己没考虑好，不会将责任推到别人身上。在这种不断的选择过程中，孩子就会慢慢学到一个很重要的事实：人生是要自己选择、自己负责的！

对于较难做的事，家长应同孩子一起去做，并给予适当帮助，教孩子逐步学会一些克服困难的方法和技巧。孩子有了成功的经验，就会增强自信，做事果断。

5. 尽量让孩子明白如何做事

如果孩子对要做的事情含混不清，会感到无从下手，拿不定主意。家长平时可通过一些体育或智力游戏来有意识地培养孩子的果断性。

责任感：多鼓励他做力所能及的事

责任感对于孩子来说是十分重要的。只有具备一定的责任感，人才能自觉勤奋地学习、工作，做各种有益的事情，掌握各种技能，孩子必须从小培养责任感，以便长大后能尽快适应社会，完成本职工作，尽自己的义务，从而成为优秀人才。

目前，许多孩子都是独生子女，他们的责任感较差，他们"不知道疼人"，只顾自己，不管别人，甚至不关心自己的家长，这些抱怨随处可闻、到处可见。独生子女性情冷漠，责任感缺乏已成为普遍现象，如何培养孩子的责任感？

1. 让孩子做好自己的分内事

造成孩子缺乏责任感这种现象的原因有很多，但很大一部分是家长自身的溺爱和包办教育造成的。很多家长都片面地认为，对孩子的爱是不求回报的，要无怨无悔地付出。只知道为爱牺牲却不懂得要求回报的"伟大"家长们，结果换来的却是孙子舍不得让奶奶咬一口冰棒。孩子怎么会变成这么小气和自私呢？这真的值得家长认真思考。

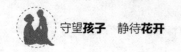

要想改变孩子的这种状况，就应该让孩子在家庭中担任起一定的角色，自己的事情自己做好。每个人都对自己的事情负责，孩子的责任感也就会慢慢建立起来了。

从女儿出生的那一刻起，我便决定，将女儿当人看！因此，女儿学走路的时候摔倒了，我会让她自己站起来；开始学吃饭的时候，即使弄得满嘴满脸都是饭粒，我也不会批评她；睡觉的时候，我会给她安排一张小床、一床小被子；出去玩的时候，女儿也会将自己的小书包背到肩上；看图画书的时候，女儿想怎么看就怎么看，我绝不会在一边加以干涉；洗袜子的时候，女儿愿意怎么洗就怎么洗，即使不干净，我也不会重洗一遍……

女儿第一次洗袜子是在三岁的时候。那一次，我教女儿放洗衣液。打好洗衣液后，女儿也学着我的样子揉搓了几下；然后，投洗干净，便晾在了阳台上的小凳子上。我知道女儿没有洗干净，可是，我并没有直接说她。

夏天温度很高，衣物很快就干了。女儿拿起自己的袜子给我看，我问："洗得干净吗？"女儿说："这里是黑的。"女儿指着脚后跟的一块。

我说："这个地方最脏了，下次洗的时候，要多揉搓几下。"女儿听了我的话，非要再洗一遍。我便给她弄来了水。这一次，女儿洗得很仔细，直到水里堆满了泡泡才罢手！

有些妈妈看到女儿洗袜子，会在女儿洗完一遍之后自己再完善一遍，其实完全没有这个必要。这时候，完全可以让女儿自己来做。当她们发现自己没洗干净时会重新试着再洗一次，这次定然会比上次更用心。

2. 让孩子帮着做些家务事

家长是孩子的第一任老师。在日常生活中，家长可以带孩子做些扫扫地、洗洗碗等力所能及的"家务事"，从中来加强对孩子能力以及归属感的培养。

家长要让孩子明白，做好自己的事情还不够，还应该帮助家里做一些事情，因为他也是家庭的一员，他有责任去协助爸爸妈妈做好家里的事情，以此来为家庭尽一份力。只有这样，才能把孩子培养成一个敢担当、不逃避责任的人。

我妈妈是个勤劳的农村妇女，每天早上都会将屋里里里外外收拾干净，然后，才去做其他的事情。从我记事起，每到星期天，妈妈做家务的时候，都要带上我和我姐。每次做的时候，都会做出这样那样的分工……尤其是到了腊月下旬的时候，我和我姐的任务会更多。

每到腊月二十几，妈妈都会找个天气晴朗的日子将屋子打扫一遍，这时候我和我姐就会跟在她后面，听她指挥。妈妈总能找些力所能及的事情让我们来做。

每次，我都会响应妈妈的号召，做出一副跃跃欲试的样子。其实，我是冲着中午的那顿好饭去的。因为，每到这一天的中午，妈妈都顾不上做饭，这时候，她都会拿一些年货出来，比如糕点、水果之类的，让我们吃。吃过午饭后特别是到了下午，我干活的积极性就会明显下降，不是出去喝杯水，就是躲到一边玩一会儿。对于我的这些小伎俩妈妈是心知肚明的，可是，她却从来都没有点破过。后来，我们一个个都有了自己的家庭。这时候，我才发现，收拾屋子对我来说却是一件轻而易举的事情，甚至还将其当做了一种放松的方式。

每到星期天，我也会给整个屋子进行一个彻底的大扫除：厨房、客厅、洗手间、卧室……每次女儿都会跟在我的后面。我扫地的时候，女儿

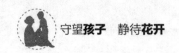

会将簸箕端过来；我擦玻璃的时候，女儿也会够着最低的玻璃擦一擦；我收拾厨房的时候，女儿则会在墙上喷点除油剂用布擦擦……

勤劳的妈妈或许不知道，自己早些年的用心今天已经在我们身上有了收获。因为，我们都没有厌恶家务。

今天，很多女人都不喜欢做家务。其实，当你能够体会到了乐趣的时候，家务也是一件可以让自己放松的快事！如果你能够带着孩子一起做，这段时间便可以成为一段美好的亲子共度时光：

可以带着孩子安装或修理一些旧东西；

可以带着孩子换掉坏的水龙头、安装挡风窗户；

可以带着孩子打扫卫生、整理花园、洗衣缝补。

自信心：不同的年龄就要做不同的事

不同的年龄段应有不同的价值诉求，做不同的事情。

我小时候，巷子里有这样一位妈妈，我们都管她叫张婶。张婶是家里的顶梁柱，不管发生什么事都得由她出马。她一旦出马，问题肯定能够得到解决。因此，张婶在孩子们心中的形象是高大的、无畏的。

张婶非常爱自己的两个女儿，在家里什么事情都不让她们做，即使女儿们看到感兴趣的家务活儿想学，张婶也会发出自己的一阵不满，从而将女儿学习干活的兴趣打消。记得有一天，我到张婶家去借凳子。当我来到她们家的时候，张婶正在厨房里给家人炸油条。

张婶一个人忙里忙外的，时不时有油点溅出来。大女儿坐在一边，津津有味地吃着油条；二女儿则低着头。进去后，我便听到张婶的高声调："学什么学，炸油条有什么好学的？没见过哪个人炸油条炸出息的！"看样子，张婶是在说二女儿。

张婶见我进来，嗓门更高了："你看人家小薇（我的乳名），学习成绩一直都这么好，还得了市里物理竞赛的第一名，如果你们能够将这个第一名给我捧回来多好！炸油条，亏你想得出来！"

……

这件事情过去之后，二女儿跟我说起了那天的事情。原来，那天她想和妈妈一起炸油条，可是，她妈怕她烫着，执意不肯。而且，她确实想学学。自己都17岁了，却什么事情都不会做。

那时候，我们巷子里的女孩儿们都非常喜欢张婶，因为，她从来都不会让女儿帮她干活，都希望能有这样的妈妈。可是，长大之后，我才发现，张婶的这种爱子之心是有问题的，因为，她的两个女儿什么事情都不会做。结婚以后，两个女儿还经常回娘家吃饭，为什么？因为她们想吃家里的口味，可是自己不会做！

我不知道，张婶能为自己的女儿操持到什么时候，如果当两个女儿产生了学习兴趣时她能够给女儿以引导，也不至于女儿结婚后连自己喜欢吃的饭都不会做吧！

孩子的成长过程中都会经历一个从不会到会的过程，遇到不会做的事情要鼓励孩子学着做，既不能用冷嘲热讽的语言讽刺孩子，也不能用严肃

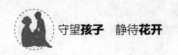

的表情打消孩子的积极性。要将每个年龄阶段应该学会的事情慢慢地教给孩子！

当孩子有了学习的欲望时，家长们不要用自己的言行制止孩子的学习行为。**与其抱怨孩子什么都不会做，倒不如引导他们多学些事情来做。**

🐞 战胜自己：在点滴事件中，引导孩子学会战胜自己

一个人不仅要有天资、勤勉、进取之心，还要有一种经受得住挫折和磨难的韧性，这样才会使人生臻于完善，走向理想的归宿。实践告诉我们，要教育好下一代，**除了要教孩子掌握一定的科学文化知识和技能外，还必须帮孩子塑造良好的思想素质，教孩子学会面对困难和挫折。**这是一堂重要的人生之课，只有学好这一课才能具备成功者的素质，才能具有生活勇士的坚强毅力，从而成为一名生活的强者。

晶晶是家里的独生女，平时妈妈无微不至地关心她，爷爷奶奶更是视她为掌上明珠。只要是晶晶想要的东西，妈妈都会尽量地满足。晶晶也很争气，整个小学阶段，基本上每次考试都是年级前三名，亲戚朋友无不夸晶晶是个好女儿。小学毕业后，她顺利考入了一所理想的重点中学。

可是入学以后，晶晶却觉得越来越失落：自己原来的优越感一下子全没了。身边的同学都是那样优秀，课堂上，晶晶回答不出来的问题总有那

么多的同学似乎不假思索就能说出答案；老师的目光在晶晶身上停留的时间也越来越少了；开学不到一个月要确定班干部，结果名单里也没有了晶晶；语文课上好不容易争取到了回答问题的机会，竟然答错了……这一切都让晶晶不断地怀疑自己，责备自己，她甚至感到自己再没有脸面回去见妈妈了。

不论希望孩子将来干什么，都要培养孩子从小学会面对困难、面对挫折，不能一味地将他们视为掌上明珠，不让他们受一点委屈，以为多给孩子方便、少让孩子遭受挫折就是爱他们，实际上这样做是过早地剥夺了孩子的吃苦精神和创造力培养的机会，只能让他们长大后陷于平庸和无能。

要想让孩子在充满竞争的社会中立足，必须对他们从小进行挫折教育，培养他们坚韧不拔的意志和毅力，教会他们敢于面对挫折，不怕失败，跌倒了自己爬起来，勇于接受艰难困苦的磨炼。这也是每位家长应尽的义务和责任。

任何一个人都有沮丧、失落的时刻，孩子也不例外。他的考试可能会失利，他的要求可能会得不到满足，他的努力可能得不到回报，他的真情可能会被无情伤害……这些时刻，无论家长多么爱孩子，都不可能代替他去经历失败的痛苦。为了帮助孩子提高对挫折的心理承受能力，应该做到：

1. 理解孩子，但不谅解

对孩子遇到的某些挫折家长要表示理解和同情，因为他们毕竟还是孩子，还缺少正确处理个人与集体、自我与他人关系的协调能力，缺乏高屋建瓴的智慧。当孩子遇到挫折的时候，家长要设身处地地站在他们的角度去分析和理解。

挫折能使人深刻反思，学到更多的东西。不经历挫折，孩子是很难成熟的。家长有责任有义务把孩子引向一条健康向上、自我完善的道路，家长应坦率地与孩子一起分析遭受挫折的原因，知耻而后勇，鼓励他们把自己培养成有很强心理承受能力的人。

2. 疼爱孩子，但不溺爱

疼爱是家长对孩子的正常感情，研究发现，这种感情对孩子的身心成长有着极大的维生素和生长激素的作用，受人疼爱的孩子心理发育更健康，与他人更易和谐相处。但是，凡事皆有度，如果疼爱过度，就会变成不负责任的"溺爱"，后患无穷。

溺爱下长大的孩子吃不得一点苦，受不得一点屈，一点点不顺心便会被放大到天塌地陷般严重，挫折承受力极差。因此，聪明的家长一般都会对孩子高标准、严要求、讲原则，要让他们知道什么该要，什么不该要；什么可以做，什么不能做。

3. 帮助孩子，但不包办

家长要站在朋友的角度，在必要的时候帮助孩子一把。例如，孩子摔倒了，可以告诉他"用手支地爬起来"或者"扶着墙站起来"。要积极帮助孩子寻找方法和途径，而不是代替他做事。如果家长立即跑过去抱起来，孩子就会认为，这是你的错误——是你没照顾好的错误使我摔跤的，因此便只会委屈地哭起来。

为孩子包办一切，忽视了孩子也是一个有能力对自己负责任的人，长期剥夺孩子证实自我价值的机会，孩子的心理必然发生扭曲。

第六章
Chapter 6

培养好习惯，
欲速则不达

好习惯不是一天养成的
不要因为一次不诚实就否定孩子
尊重别人体现在生活的很多细节
让孩子对自己的承诺负责
多重复，引导孩子学会生存
改正坏习惯有一个过程

好习惯不是一天养成的

在家庭教育中，好习惯并不是在一天中养成的。孩子是敏感的，为了保持住每个大人对待自己的看法，很多孩子都不愿意轻易表达自己的看法。可是，长此以往，孩子会养成没有主见和处事冷漠的习惯。将来孩子长大后，家长想纠正他的这个习惯，恐怕要花费更大的努力。

对于一些"小事"，家长要让孩子自主安排，比如过生日请哪些小朋友、到商店买什么样的衣服、选择什么玩具等；对于一些"大事"，要给孩子提供参与的机会，比如，布置房间的时候可以和孩子一起筹划设计方案，鼓励孩子提出自己的建议，如果建议可行，要尽量采纳。

前段时间，有个高一学生的家长带着自己的孩子来找我咨询：

家长说："带女儿出去吃饭，问她吃什么，回答永远是'随便'。以前小时候我帮她买衣服，现在长大了还是我帮她买衣服，自己喜欢穿什么都不知道。我真担心，她都这么大了，这些小事还不能自己拿主意，我们不能跟她一辈子呀！怎么培养她的独立性呢？至少自己的事情应该自己能决定吧。"

我说："下次再出去吃饭或买衣服的时候你可以给她几个选择。比如，你可以说'今天我们吃麦当劳还是肯德基呢''这两件衣服各有特色，你喜欢哪一件咱们就买哪一件'。渐渐地，她就可以在有限的范围内做出决定了，然后你再把范围逐步扩大，这样慢慢培养，时间长了她自然就会自己做主了。"

本来这是个已经通过实践检验过的、有效且可行的好办法，可是没想到，这位家长不但没有接受反而反应强烈地说："不管用！我都试过多少回了，她根本不选，就是'随便'！"

我转向孩子，问："是这样吗？"

孩子说："是。"

我问："为什么呢？"

她说："因为即使我选了，我妈也不会同意。"

我追问："是这样吗？"

女孩斩钉截铁地说："是！比如，我喜欢蓝色和黑色的运动服，可我妈非让我买白色的。她说我穿浅色的好看，说显得干净，显得我皮肤白。"

"哦，我明白了，"我似乎找到了答案，"那如果非让你自己选择呢，怎么办？"

"那我就选我妈喜欢的呗，反正我都知道她想让我选哪个，只要她高兴就行，否则我就是选别的她也不能同意。"

我回过头笑着看家长，她显得有点尴尬，但很显然，不用我说她已经知道问题出在哪儿了。

我只说了一句："看这女儿多懂事啊，都学会换位思考、为别人着想了。"其实，我的潜台词是：如果家长也懂得换位思考，愿意站在孩子的角度考虑，很多问题都会迎刃而解。

有时候，家长只顾着抱怨，却没有想过其实问题就出在自己身上。本来独立自主做决定这些好习惯是应该从小培养的，可是那个时候家长总觉得孩子小，不会做决定，或者更确切地说是信不过孩子，觉得孩子不会做出正确的决定，所以干脆包办。等到孩子长大了，家长觉得是时候让他自己决定自己的事了，可是一切都晚了。

更可怕的是，有些家长觉得自己什么方法都知道，也都用过，就是不管用。同时，认为问题不在自己，要怪只能怪自己命不好，摊上一个不争气的孩子，"我给她机会，她不要"，家长是真的给孩子机会了吗？没有！家长给的只是让孩子跟自己保持一致的机会，一旦意见不一致，最终拍板的还是家长自己。

除了自己做决定这样的好习惯以外，孩子需要培养的好习惯还有很多，比如诚信、尊重别人、信守承诺、会生存等，而所有的这些都不是在一天两天之内就可以形成的，都需要长期的积累。那么，在这个过程中，家长该如何引导孩子呢？

1. 对孩子多讲道理

家长可以通过一些成功的典型事例或者通过身边的反面例子，让孩子深深地体会到这些好习惯对自己有哪些好处，坚持这些习惯能带来哪些好处。同时，要让孩子充分认识到不良习惯对人的影响及危害性，从而提高孩子的习惯培养意识。

2. 鼓励孩子独立思考

在孩子遇到问题的时候，家长可以引导孩子多进行独立思考，主动解决问题。同时，应让孩子知道，只要是经过充分的证实后确信自己的做法或观点是正确的，就应敢于坚持，而不要随意被周围人的思想所左右。

3. 给孩子提供养成好习惯的机会

在生活中，要多给孩子提供培养好习惯的机会。要充分地信任孩子，大胆放手让他们去设计、计划、安排、实践。

同时，要多让孩子换位思考，比如"如果让你去组织这次活动，你会怎样安排？""如果这事发生在你身上，你会怎样想？"有了良好的思维习惯，慢慢地孩子就会改变自己以往的坏习惯，最终成为一个有良好习惯的人。

不要因为一次不诚实就否定孩子

家庭教育中对孩子诚实品质的培养，能使孩子抵御不良品质的侵袭。当孩子一旦形成诚实的品质后，他们就不会在家长、老师、同学面前或弄虚作假，或当面一套背后一套或挑拨是非等。因此，培养诚实的品质是使孩子形成优良品质、克服不良品质的重要途径。

对一个人的成长发展来讲，再怎么强调诚实也不过分，而对于孩子来讲，这一品质必须从小开始培养。

这天晚上，在外面散步的时候，我看到一个中年妇女正在和一个孩子争吵着什么。对于别人的家务事我向来是不喜欢打听的，可是，孩子的声音越来越大，他们的争吵声最后还是传到了我的耳朵里。

孩子的声音很大："我的英语成绩就是考了92分！不信你去查！"

中年妇女盯着孩子，说："你这孩子，怎么还撒谎！"

孩子不甘示弱，说："我没撒谎！"

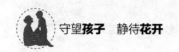

中年妇女据理力争："我都打电话问过你们老师了，老师说，你考了72分！你怎么能糊弄我呢？"

孩子看到自己的谎话被戳穿了，没有丝毫的悔意，说："我就是骗你了，怎么着？你不是也经常对我撒谎吗？"

中年妇女说："你今年才13岁，怎么现在就学会撒谎了！谁教你的？"

孩子说："这不都拜您所赐吗？明明偷看了我的日记，却说自己没看；明明不想跟我一起出去玩，却说自己有事……"孩子一边说，一边哭了起来。

中年妇女看到孩子流出了眼泪，缓和了语气，说："我那些谎言都是善意的。"

孩子马上接茬说："难道，我说话就是恶意的？我不就是为了让你高兴吗！"

……

不难否认，这对争吵的人是一对母女。我本来不爱管闲事，可是看到这位妈妈束手无策的样子，忍不住就想上去和她们交流几句。

为了让妈妈高兴，孩子更改了自己的英语成绩，谎称自己考了92分。可还是没能逃脱掉妈妈的火眼金睛。当她询问孩子为什么要撒谎的时候，孩子竟然将矛头指向了自己——"这不都拜您所赐吗？"原来，孩子的撒谎行为得益于妈妈的日常"教导"。

这个故事再一次提醒我们，**当孩子出现不诚实行为的时候，不能一次性地否定孩子，要积极查找原因，找到问题的症结，积极解决。**

诚实是做人最起码的道德规范，它既是一种道德品质，也是一种公共义务，还是一个人能在社会生活中安身立命之根本，是为人的最重要的品德。为了让孩子在将来激烈的竞争中立于不败之地，家长要让孩子从小懂得要做一个讲诚信的人，必须从孩子小的时候就开始对他们进行诚信教育，让孩子伴随诚信健康成长。

1. 培养孩子诚实从点滴做起

为了培养孩子诚实的品质，家长既要有长期坚持的耐心和与时俱进的细心，又要深深扎根渗透于日常生活的琐碎点滴中，贯穿家庭生活和亲子成长的全过程。

在孩子小的时候，就要让孩子说真话，不说假话；做错事时，要鼓励孩子勇于承认自己的错误并能及时改正；不要让孩子偷拿别人的东西，借别人的东西要还；要让孩子做到言必信，行必果。

针对社会上的坑蒙拐骗行为，家长要态度鲜明地进行批判，要让孩子坚信这种弄虚作假的行为必将受到惩罚。这样，孩子长大以后才能成为一个光明磊落的人。

2. 为孩子做诚实的榜样

要想培养一个有责任心、以诚待人的孩子，家长就要以身作则，做诚实的表率。对孩子来说，家长的行动是无声的语言、有形的榜样，为了培养孩子的诚实习惯，在日常生活中，家长对待孩子一定要诚信，说话要算话。

家长在向孩子许诺之前一定要三思，不能言而无信；答应孩子的事情，就一定要做到；如果不能兑现应及时向孩子解释，向孩子道歉，并作自我批评，让孩子从内心理解和原谅家长。如果家长言而无信，一而再，再而三孩子会对家长产生不信任感，并认为说了话可以不算数，慢慢地他们也会这么做。

3. 营造诚恳、互信的家庭氛围

要做一个有心人，为孩子创造愉悦的讲诚信的氛围，以感染孩子的心灵，尤其是家庭成员之间更应该相互信任。孩子尽管年龄小，但同样能够体会到家长对他的尊重和信任。事实证明，从小受到尊重、信任的孩子，会更加懂得怎样去尊重、信任别人和怎样得到别人的信任。

除此外，可以在一种轻松的环境中，告诉孩子说谎会有什么样的危害，告诫孩子：说谎或许能让你一时蒙混过关，但真相迟早会被人发现，等真相大白之后，不仅会让你处于一种尴尬的境地，还会失去老师、家长、同学、朋友的信任，久而久之，别人就不愿意再跟你接近了。如此，孩子就会在愉悦互信的氛围中受到启迪，讲诚信的意识也就会逐步培养起来。

4. 满足孩子的合理需要

每个家长都希望自己的孩子诚实守信，但是，许多孩子却表现得不如人意。究其原因，大多是由于后天的某种需要引起的，比如：为了满足吃、玩的需要，甚至是为了逃避受批评、受惩罚，这些都助长了孩子撒谎的恶习。

家长应该认真分析孩子的需要，尽量满足其合理的部分。满足孩子的时候，应该用孩子的眼光来看待事物；同时，要分析孩子的需要，认真倾听孩子的真实想法，不要以成人的想法来推测孩子的心理。

当孩子向家长讲述了他的需要后，家长应该跟孩子一起分析，让孩子明白哪些是合理的、正确的，然后及时满足孩子合理的需要；对于不合理的需要，则要对孩子讲明道理。千万不要觉得孩子还小，或者觉得事情无关紧要就放纵他们。长此以往，孩子就会不断地强化不良行为，形成不良的品格，最终影响到他的人生。

尊重别人体现在生活的很多细节

尊重别人体现在很多的生活细节中，家长一定要从小处着眼，让孩子学会尊重他人。

人的需要是多方面的，在吃饱、穿暖和安全需要得到基本满足时，人们最迫切、最普遍的愿望是获得尊重和认可。哲人曾经说过：人类本质里最深远的驱策力就是——希望具有重要性；人类本质里最殷切的需要是——渴望被肯定。

在现实生活中，有些孩子总是以自己为中心，在说话和做事时，根本不顾及他人的感受，不懂得尊重别人。如：给同学起外号、看到别人陷入困境时却幸灾乐祸、同学回答错了还在私底下挖苦别人、没征求别人的同意就拿走别人的东西、不认真听取别人的意见……

其实，这些行为并不能绝对地说明孩子是自私的或是不懂得尊重别人。只是因为孩子年龄太小，还不知道要尊重每一个人，还不知道怎样去关注和尊重他人。因此，家长应该引起高度的重视，告诉孩子要尊重别人，尊重别人就是尊重自己。

只有懂得尊重别人的人才能受到别人的尊重，教孩子从小学会尊重他人迫在眉睫。那么，家长应怎样培养孩子尊重他人的习惯呢？

1. 让孩子在"心理"上尊重别人

只有让孩子在心理上有尊重别人的想法，他才可能有尊重别人的行动。如果孩子不懂得尊重别人的道理，怎么会落实行动上？

2. 让孩子在"态度"上尊重别人

在交往过程中，一个人采取什么样的态度会体现出这个人对别人的尊重程度。比如：认真倾听别人的谈话，谦虚谨慎，礼貌待人，实事求是地评论人或事，都是尊重别人的表现。

3. 让孩子在"礼仪"上尊重别人

礼仪不仅能体现出一个人的修养和人品，还能表现出对他人的尊重，赢得别人的好感。出入公共场所的时候如果蓬头垢面、不修边幅，不仅会损害自己的形象，也是对别人的不尊重；躲到一边说别人的坏话，也是对别人的不尊重；进到别人家里乱翻他人的东西，也是一种不尊重他人的行为。

4. 让孩子在"名字"上尊重别人

没有任何语言能比亲切地称呼人的名字更能打动人心了，所以，给别人取绰号、滥用贬称都是对别人的不尊重，因此要告诫孩子：不能随意给他人起绰号！

5. 教育孩子在"时间"上尊重别人

只有遵守时间的人才会赢得他人的尊重。家长可以这样引导孩子：和同学约好事情就要准时赴约；要去上学，就要准时到校，否则，会被视为对邀请人或老师的不尊重。

🐞 让孩子对自己的承诺负责

"人无信不立"，人与人之间的关系与友情需要靠信用来维系。只有恪守信用的人才能交到知心的朋友，才能成大事。**让孩子从小养成信守承诺的好习惯，能帮孩子将来树立威信，获得友谊，获得别人的尊敬。**家长应该把培养孩子守信的习惯纳入素质教育范畴，从小对孩子施以严格的守信教育。

上周的双休日，周女士带着儿子去上海玩，晚上11点赶到家，看到门上贴着一张留言便条，上面写着："明天中午放学，到我家来找我，有急事。"落款是小区里一个孩子的名字。第二天中午放学吃完饭，儿子就去了，没多久就回来了。

下午放学，接儿子回家的路上，周女士问他："找你有什么事啊。"儿子没出声，她又接着问："什么事这么急？"儿子说："你问他去吧。"周女士笑着说："是不是他不让你对别人说啊。"儿子嗯了一声，然后周女士就不说话了。

到家以后，忍不住好奇心，周女士又开始问："到底是什么事，跟别人不能说，还不能跟我说啊！你和妈妈不是好朋友吗？妈妈又不是别人。"儿子很为难，支支吾吾，但最终还是说了，其实也就是小伙伴之间的小事。然后，周女士又继续追问一些相关的事，终于让他全部说出来才算结束。

仔细研究这个案例，不难发现，周女士除了好奇以外，她的本意是想知道他们在做什么，以便于及时掌握孩子的心理动态。现代社会里，除了学习以外，孩子能安全健康地长大成人，不受坏思想的诱惑，就是家长的最大心愿了。但是在今天这件事情上，周女士确实是做错了！

儿子答应了小伙伴不告诉别人，却因为周女士的一再追问，百般为难，最终告诉了她。不是这件事情有多重要，而是让孩子形成了一种可以不遵守承诺的观念。周女士没能支持他履行，却用让孩子非常为难的理由违背了自己的承诺，让他在这么小的时候，就产生一种说过的话可以不算数的印象。

在孩子面前，生活中很多漠不经心的恶习都显得那么突兀和明显，让家长无所遁形，却又在不经意中影响和改变着孩子的是非曲直。如果不愿意看到这样的结果，家长就要在今后的生活中时时检点，时时反省，让自己成为一名合格的家长，让孩子最真最纯的观念能有个实践和寄托的位置。

1. 不要逼孩子许下不能兑现的诺言

逼迫孩子许下不可能兑现的诺言的行为，对孩子的心理健康发展是非常不利的。一方面会使孩子学会使用大而空的诺言取悦别人；另一方面，许下这种不能兑现或者很难兑现的诺言，会使诺言的威严性和重要性在孩子心中大打折扣。

2. 让孩子学会说到做到

要教育孩子：对别人要讲信用、负责任，答应别人的事要兑现；如果经过努力依然没有做到，也要诚恳地说明原因，表示歉意。在答应别人之前，要慎重考虑自己有没有能力和把握做到，对不能做到的事不要轻易答应；对比较有把握做到的事情答应时也要留有余地，不要大包大揽。

3. 培养孩子的时间观念

在孩子小时候就要培养他们的时间观念，让孩子养成不拖拉的习惯。要让孩子懂得：一旦答应别人有把握做到的事情之后，一定要及时地千方百计地去做好，即使孩子与朋友的约定没有价值，也要鼓励其遵守。

4. 家长要信任孩子

要让孩子有被信任的感觉，事实证明，家长越信任孩子，孩子就会越讲信用，否则他就会撒谎。比如有些家长害怕孩子交上坏朋友或异性朋友，不愿给孩子自由的空间。这些行为不仅不能达到教育的目的，还会引起孩子的强烈反感，严重伤害孩子的感情。

5. 提醒和鼓励孩子

孩子做到守时守信时，不管事情多么微小，家长都要给予及时的鼓励和褒奖，激励他坚持做下去。相反，如果他没有信守承诺，或者一时忘了，就要及时提醒他，并督促他认真地去完成。如此，对于让孩子养成信守承诺的良好习惯是非常有利的。

6. 对孩子许诺要慎重

对孩子许诺的时候，家长一定要慎重考虑，比如该不该对孩子许诺，能否兑现，这种许诺对孩子来说到底好不好等。一旦许诺，家长就要严格履行自己的诺言，因为孩子是单纯的，也是易受其他因素影响的，特别是朝夕相处的家长。家长必须恪守信用，一旦承诺了就要兑现。

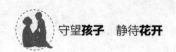

多重复，引导孩子学会生存

每到九月份高校开学之际，各学校都会上演这样一种景象：

每年的九月份各高校开始报到的时候，大学的校园里总是浩浩荡荡地挤满了来送孩子的"家长大军"。通常走在前面的是爸爸妈妈，可能还会有一些亲戚，每人手里拎着各种各样的包和生活用品，家庭队伍中走在最后的那个两手空空的人恰恰是要入学的新生。

据媒体报道，南方某著名高校5500多名新生报到，却有约2万名家长陪同。为了应对这个局面，学校调集了大量的校内和校外资源，提供了数千个床位，通宵开放餐厅、礼堂，宿管中心昼夜值班，校园里进进出出的接送大巴里面坐满了家长。

有的家长来到学校给孩子分的宿舍后，觉得宿舍的周边环境或者是铺位不是很满意，就会动用一切关系甚至找到学校的领导要求给孩子换宿舍……

家长的心情是可以理解的，是想让孩子生活得好一点，但是在这样做的过程中，家长却犯了一个很大的错误——家长在制造外部环境来适应自己的孩子，而**真正培养一个孩子，很重要的一个方面是要培养他自己适应外部环境的能力**。作为家长，又有多长的时间能保证自己永远都能为孩子创造外部环境呢？

从孩子生下来开始，很多家长就会在心里默默地对自己说："我一定要给孩子最好的环境，让他能够无忧无虑地生活，我一定要为他遮风挡雨，不让他受一点伤害。"其实，客观地说，社会环境不是以某个人的意志为转移的，太多的呵护只会让孩子飞翔的翅膀更加单薄。

孩子总有一天必须离开家长的保护去独自飞翔，在现实社会生活中，孩子的健康成长取决于他适应社会和各种规则的能力。也就是说，他能不能适应自己所面对的整个外部环境，完全取决于他能不能在挫折中不断端正成长发展的方向，当发生意外的时候他是否有能力去应对。

网络上曾经出现过这样一则新闻：

一名17岁的初二女学生在福州流浪了三天两夜。没有手机，没有报警，不敢找路人求助，饿了就吃面包，累了就在路边休息。

人生地不熟，女孩很担心遇上坏人，心里非常害怕，不敢和陌生人说话，一直在街上走，就想找到回家的路。最终，饥饿难耐的她鼓足勇气，向一名食杂店老板求助。

为人家长者看到孩子如此遭际，莫不心疼。尽管这是一个较为极端的个案，但其中所折射的问题却应引起家长和学校深思。我们的教育什么时候已不能让孩子学会在社会中自由生存了？也许，我们教育孩子要有防范意识的初衷，原是不想让孩子受到任何的伤害，尤其是对女孩子，更是将各种提醒、禁令、担心、防范一股脑地抛给她们。

从孩子小时候开始，自行车可以买但不能骑，滑冰鞋可以买但不能玩，原因都是怕摔着。学校怕学生出事，户外活动就越来越少甚至完全取消，整天让孩子在教室里待着才觉得安全。至于日常的叮嘱，"不要和陌生人说话"，"遇见事赶紧走开"更是满耳皆是。而社会上偶尔发生的一些相关恶性事件让家长和学校更绷紧了孩子安全这根弦，仿佛哪儿也别去、什么事也别碰才最安全。然而，孩子终究是要长大的，是要独立生存的。

在一定意义上说，孩子的成长就是在不断试错、犯错中长大的。说错话、做错事、犯毛病、临险境，往往会伴随孩子成人之前的历史。可以说，一部孩子的成长史就是一部孩子惹事犯错进而从中汲取教训的历史。家长要学会放手而不撒手，教会孩子生存的技能和方法，而不是让孩子自闭自封，如此才能让孩子付出最小的代价换取快速地成长。

改正坏习惯有一个过程

处于成长过程中的孩子总会出现一些不恰当的行为，如果家长听之任之，一旦这些不良行为习惯成自然，必将成为孩子成长的羁绊，正所谓"千里之堤毁于蚁穴"。可喜的是，很多家长也意识到了这个问题，也在想办法积极帮孩子改正。可是，任何坏习惯的改正都需要一个过程，祈求在一个星期内就让孩子改掉坏习惯是不现实的！

小东有个坏毛病，就是典型的人来疯。平时，家里如果没有客人，小东还是很乖的，可是一旦家里有人来，他就会在客厅里疯闹。妈妈提醒过他好几次，可是小东当时虽然答应了，结果照旧。一天晚上，妈妈对小东说："明天家里要来客人，你可不能胡闹！"小东答应了。

第二天，朋友们如约而至，孩子们被安排在一个房间里玩耍。突然，小东拿着自己的手枪从房间里跑了出来："你们都是坏人！消灭！消灭！"大人们呵呵一笑，有人还配合小东假装摔倒在了沙发上。小东看到有人和自己玩更来劲了，跑回屋里又拿出自己的塑料大刀，在客厅里挥舞起来，不是碰碰这个人，就是砍砍那个人。

妈妈见小东又开始发人来疯，急忙将其拉到另一个屋子里，说："大人在外面说话，你和小朋友在这里玩！"可是小东不依，非要推门出去。妈妈生气了，"啪"一个巴掌打在小东的脸上，小东"哇"地哭了。

妈妈丢下小东，来到客厅，说："这孩子老是这样，说了多少次了，老是不听！"这时候，一个朋友说："孩子可能也是喜欢热闹，想跟大人玩。如果你觉得孩子这一点不好，想让他改正，也要慢慢来。一口还吃不了大胖子呢！"

小东妈不说话了。

对于孩子的坏毛病，家长们一般都会想办法及时制止。可是，很多人都会感到力不从心，觉得孩子越来越难管教了……其实，不是孩子难管，而是你没有找对方法；只要对其进行耐心引导，孩子的好习惯都是可养成的，坏习惯都是可以改掉的。

在孩子行为习惯的养成中，家庭教育是渗透力最强的教育。在孩子年幼的时候，家长就要帮他们打好做人的基础，要从一点一滴的小事做起，鼓励他们改正坏习惯。

大量事实告诉我们，孩子坏习惯的改正不是一日之功，只有在长期反复的训练中才能改正。改正孩子的坏习惯必须一竿子插到底，切不可"前紧后松"。为了帮助孩子改正坏习惯，家长可以从以下几个步骤做起：

第一步：给孩子制定一定的规则

首先，要想清楚你可以容忍以及决不能容忍孩子什么样的行为。然后，有的放矢地给孩子制定相应的规则，明确地告诉孩子哪些事情是可以做的，哪些事情是不可以做的。在这个过程中，家长要坚定自己的信念和原则，让孩子了解你的想法以及目标。

一定要记住，随着孩子不断长大，对他的期望也应随之进行调整；不必害怕改变，也不必担心可能需要妥协你的原则。

第二步：一次解决一种不良行为

如果你的孩子一直重复出现某种不良行为，你就要集中注意力了。也许你的孩子有一大堆的行为问题需要解决，但最有效的方式是一次只解决孩子的一个问题，永远不要超过两种。

因此，在帮助孩子改变坏习惯的过程中要缩小范围，明确目标，集中全力消除孩子身上表现出的那些不利于亲子关系融洽的行为，要改变妨碍孩子健康个性养成的不良行为，例如嘀嘀咕咕地抱怨、乱发脾气等。

第三步：冷静地与孩子进行沟通

如果孩子破坏了你定下的规矩或者是表现出某种不良行为，你就应该严格要求孩子了。每次在和孩子说话前请做一个深呼吸，尽量让自己保持冷静；如果你需要暂停一下，就就过一会儿再说。然后，看着孩子的眼睛说出你的要求，要确保你说话时已经引起了孩子的注意。

请记住，你的目的是在对孩子的疼爱中规范孩子的行为，而不是在愤怒中斥责孩子。

第四步：明确你所关注的问题

不要想当然地认为，孩子会自己明白他做错了什么。要运用严肃而冷静的语调，向孩子重述你制定的行为规范，或者向孩子解释说明为什么他的行为是错误的。

开始的时候，你或许可以这样询问孩子："我们家的规矩是什么？""你认为你的朋友为什么生气了？"或者是"你认为我为什么生气呢？"如果孩子还是搞不清楚导致自己犯错的原因，要向他解释说明为什么说他的行为是错误的。需要注意的是，家长的解释要清楚简洁。例如，"如果你把自行车放在外面，它可能会被偷走。""你的语调非常无礼。"

同时为了公平起见，家长还应该认真倾听孩子的解释，如此才可以了解事情的整个来龙去脉。如果在调查实情的时候，家长发现是自己做错了，一定要向孩子承认错误并道歉。

第五步：让孩子进行积极地选择

如果孩子有了坏习惯，就要引导孩子进行积极地选择。具体来说，你希望孩子形成哪些新的行为呢？可以给孩子提供一两个进行正面选择的机会，比如："请你温和有礼地和我说话。""游戏一结束你就应该立刻回家。"

为了确保让孩子理解你提出的要求，可以先让孩子按要求去做出某种可供选择的行为，比如："做给我看，应如何向别人寻求帮助。"必要的时候，可以向孩子征求意见，不必有所顾虑，例如，可以问他："下次你该怎么做才不会违反我们定下的行为规范呢？下次你该怎么做才能保证不会再犯同样的错误呢？"

第六步：向孩子解释他这样做的后果

如果孩子继续违反规则，或者他依然没有改正自己的不良行为，要向孩子解释他这样做的后果，例如："如果你不能温和有礼地跟我说话，你就不能看动画片。""如果你再对你爷爷大喊大叫，下周去公园的计划就取消。"请记住，家长的解释一定要具体、简短而严格。

第七步：落实和孩子之间达成的协议

如果孩子再次出现不良行为，也可以考虑征询一下孩子的意见看看怎样处理结果才算公平。一般来说，与家长选择的处理方式相比，孩子们的选择往往会比较公平，而且更"符合他们的罪行"，但做起来也比较困难。

如果想要确保孩子理解你的要求，可以让孩子重复一遍你所说的话。对于年纪较大的孩子来说，如果想纠正他们身上存在的某些极端恶劣的行为，可以把你制定的行为规范写下来，双方共同签字达成协议，不失为一个好主意。

如果想对年纪小一些的孩子也使用这个办法，可以通过"画合同"的方式进行。请妥善保管你和孩子达成的协议书，这样以后如果你需要它可以很快地找到。

即使孩子的不良行为依然没有改正的迹象，也要把你和孩子之间达成的协议坚持完成。在这个过程中，你必须保持协议的一致连贯性，而且要做到言出必行，如此孩子就会明白，你是认真的。一旦孩子出现不恰当的行为，你就应该立刻加以纠正。

第八步：务必做到公平

家长的目标不是要把孩子表现出的每个小问题都演变成一场世界大战，在纠正孩子错误的时候要把握尺度，力争在对孩子的养育过程中做到严格与公平共存。当孩子的行为与制定的规矩相冲突的时候，一定要调查清楚事情的来龙去脉。在解决和孩子的争端时，可以采用这样一些方法：

方法	说明
折中	比如："这个时候，你本该去做家庭作业，但是我看你现在专注于打乒乓球，你同意半小时后去做作业吗？"请记住，不要让孩子影响你的判断，不要做出你认为不公平或不合适的让步。
让孩子选择	比如："今天，你要把这篇作文写完。你想在晚饭前做完，还是等吃完晚饭再做呢？"
共同解决问题	首先，要搞清楚你和孩子是否有可能达成双方都赞同的协议。如果孩子出现的行为问题是微不足道的琐碎小事，不妨同意孩子的要求，但是要让孩子给出充分的理由，同时也向孩子解释清楚这次通融的原因。此外，如果家长犯错，一定要做出让步，并且要向孩子承认错误。

第九步：为孩子的努力感到自豪

在改变孩子的行为时，一定不要忽视那些最简单但往往也是最有效的鼓励方式。比如："你刚才和我说话时表现出了对我的尊重，我喜欢这种说话方式。"要知道，改变对于每个人来说都是非常困难的，尤其对于孩子而言。因此，家长要适时肯定、赞赏孩子付出的努力，表扬孩子的每次进步。

第七章
Chapter 7

优秀，
需要慢慢来

学习，一口吃不成大胖子
学会制订学习计划
打好基础，让孩子学会学习
不让孩子在同一个地方跌倒两次
学习目标需适宜
好成绩不是逼出来的

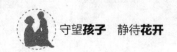

学习，一口吃不成大胖子

学习不是一时的事情，一口也吃不成大胖子，对这个问题，家长们需要正确认识。

一次，一个家长来向我咨询孩子的问题：

我："孩子不爱学习，那他对什么感兴趣啊？"

家长："孩子爱做飞机模型，各种各样的飞机他都清楚，俨然是个飞机情报专家。"

我："是啊，您的孩子没有问题，他面对自己感兴趣的东西就能专下心来，并且也掌握了很多相关的知识，记住了很多细节，这是非常可贵的现象啊。"

家长："但是，孩子不学学校的功课怎么行呢？不系统地掌握知识，上不了大学，将来肯定要被淘汰掉的。这可怎么办呢？"

我："您是怎么成长过来的呢？"

家长："我就是过去没有上过大学，现在感到吃亏，生存的路子特别窄，因此无论如何也希望孩子好好学，将来上大学、有出息，但这孩子就是不懂事、不争气。现在他又是看电视，又是玩游戏，还有什么球星、歌星要追，一天到晚被别人牵着鼻子转，看着真让人心疼，但我又没有办法。"

我："孩子不是橡皮泥，家长想怎么捏就怎么捏；孩子的头脑也不是水缸，家长可以把自己的人生经验往里面倒。孩子必须通过自己头脑来观察、思考和吸收，所有的一切都必须通过他自己。孩子会摸索，会迷惑，会浪费时间，甚至会养成坏习惯，但这就是孩子，这是没办法的事，家长是急不得的。"

其实，学校的学习的确很重要。即使每个孩子都很努力，可是由于素质等方面的差异，每个人的表现仍然会有差异。关键是要培养孩子的学习习惯、调动孩子的学习积极性，仅靠一时的努力是无法奏效的，这种习惯需要长期的积累。

1. 鼓励缺乏自信的孩子

学校、老师和社会往往喜欢那些学习态度端正、学习成绩好的孩子，常常给予这些孩子更多的关心和鼓励，对那些所谓的"差生"及不认真的学生则是批评的多，甚至不理不睬，所以。这些孩子常常有一种自卑感，因此这些孩子更需要家长的关心和帮助，不能让他们因为在学校的表现不好或者不爱学习而受到家长的冷落。

家长对孩子的爱是无条件的，学习努力、成绩好，他是你可爱的孩子，不努力、不好，他仍然是你可爱的孩子。要让孩子知道，不管自己表现如何，作为一个人自己总是有价值的。同时，要时刻发现、注意孩子身上的优秀之处、闪光点，培养孩子的自信心，这一点对于家长来说，是极其重要的。

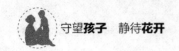

2. 让孩子了解家长的生活

有的家长文化程度低，对自己目前的情形不满意，经常给孩子讲"我过去没学好，结果现在很不成功，在单位不顺等"。可是，要知道，家长的状态孩子自然会看在眼里，如果你现在不如意而且把它归结到过去，那么孩子也自然会把自己现在学习不好归结到"幼儿园"阶段，甚至归到娘胎里去。

有些家长目前比较顺利，经常给孩子讲自己上学时如何努力，希望孩子效法。但俗话说"好汉不提当年勇"，家长也不要经常拿孩子跟自己的过去比，自己过去如何用功、如何优秀那都是已经过去的事，是家长自己的事。时代变了，"过去"无论如何已经过去了，你是你，他是他，无法随便比较。所以，家长对孩子的最好教育就是在孩子面前自然、真实展现自己当前的生活，不要美化，也不要丑化。这样，孩子面前至少有一条生活的真实的道路。

如果你有很好的知识或者资本，就可以"有智吃智"；如果你没有充分的知识基础，就"无智吃力"……所有的这一切不用家长讲，孩子都会看在眼里，愿不愿沿着家长走过的路子走，就看他自己了。

3. 不要过分介入

家长要控制自己不要过分介入，因为学习毕竟是孩子自己的事。学习功课是孩子自己的事，学习不好也是他们自己的事。

有的家长由于担心孩子将来的出路或者怕丢面子，总是对孩子学习的事过度关心。一看见孩子来到自己身边，可能就会情不自禁地冒出这么一句："你该做作业了吧。"

有的家长在孩子做作业的时候，眼睛睁得大大的在旁边看着，指指点点，比孩子还上心。家长的这种表现会让孩子觉得学习是家长的事，跟自己好像没有多大关系，这样他们就会不爱学习、爱马虎了。

4. 让孩子不受干扰地学习

正像孩子个子不高、骨骼发育不良的应对方法一样，家长能做的是给孩子提供高蛋白、高钙食物，而不能替孩子吃下去，也不能替孩子长高。在学习方面，家长要给孩子创造一个安静、温馨的学习环境。同时，家长自己不要把太多的时间花在看电视上，更不能打牌、打麻将，因为过于喧闹的环境是不适合孩子读书学习的。

5. 重视榜样的力量

榜样的作用是无穷的，如果想让孩子读书就要自己也拿起书。最好不要是什么武侠、言情故事，而是跟自己工作有关的书籍，或者是跟孩子有关的书籍，比如儿童心理的科普读物，或者增进修养的一些经典读物等，潜下心来从中汲取营养，在你自己提高的过程中你可能也会摸索到教育孩子的新方法。另外，孩子也会模仿你这个榜样，养成阅读的好习惯。

6. 对孩子多一些了解

家长要了解孩子的需要和兴趣，了解孩子行为的动机，从而因势利导。这一条说起来简单，做起来复杂，要具体问题具体分析。比如，孩子爱看动画、卡通片，就要从看动画入手，给孩子买一些制作精良、知识性强、有启发意义的动画片，让孩子在不知不觉间学习知识，受到教育和熏陶。家长若有时间可以陪孩子一起看，看完后跟孩子一起讨论，这样既可以增加共同语言，融洽亲子感情，同时也是一个教育的机会。

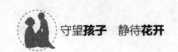 学会制订学习计划

　　学习不是一蹴而就的事情，而是一场持久战，因此切实可行的计划是非常必要的。没有切实可行的学习计划，孩子就不知道什么时候该做什么，也不知道自己正在做的事情对于整个学习生涯和实现自己的理想有什么帮助，慢慢地他们就会丧失学习的兴趣和动力。

　　一个切实可行的学习计划会告诉孩子每天每个时间段应该做什么事情，做这些事情对于自己的未来会有什么帮助。

　　小明正在上小学六年级，头脑聪明，但是学习没有长久性，三天打鱼、两天晒网，成绩也并不突出。小明的数学成绩不太好，他向妈妈保证，自己一定要努力把数学成绩提上去。妈妈听了他的保证感到很欣慰，至少孩子知道要努力去提高自己的成绩。

　　事实证明，小明确实也没有敷衍妈妈，保证的第一天他就认真地做了两页练习题，自己也感觉很愉快。可是一个星期后的某天晚上，妈妈突然发现他并没有做数学题或者阅读课本知识，原来他已经忘记了自己的

承诺。

妈妈轻轻地提醒小明："你答应过妈妈要提高数学成绩的！"小明摊开双手，无奈地说道："我学了几天，但是没有效果。而且，其他科目老师布置的作业也很多……"妈妈笑着说："你应该制订一个学习计划，要知道学习不是一时半会的事情。几天的努力怎么可能把你长期积累下来的问题全部解决掉呢？对不对？"

小明听了之后，认真地点了点头。

在我们身边，很多孩子的学习都是三天打鱼，两天晒网，缺乏毅力和坚韧的意志。即使答应了要好好努力，坚定地表示一定要把自己的学习成绩提高，但说完没几天，往往就不能坚持下去了，这是让家长们最头疼的。

其实，要想改变孩子的这种状况并不难，最简单的方法就是协助他们制订一个切实可行的学习计划。**抛开计划光谈毅力和意志是难以帮助孩子建立起良好的学习习惯的，能使孩子行动起来才是真正的改变。**一个切实可行的学习计划可以使孩子发生这种改变，因为它可以明确地告诉孩子具体时间段应该做哪些具体事情。

"凡事预则立，不预则废"，不管做什么事，如果先有了打算，往往能取得好的效果，否则就有可能失败，学习也是一样。在这里，我们就介绍一些制订学习计划、实施学习计划时应该注意的几个要点：

1. 给孩子提供帮助

在做学习计划的时候，对家长尤其需要强调的是"协助"两字。应尽量让孩子在了解自己的具体学习情况、正确地评估自己能力的前提下，自己制订学习计划，家长最多提些建议。

2. 计划要全面、具体

孩子的主要任务是学习，同时还有劳动、文娱活动、体育活动、游

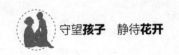
戏、交往等内容。家长指导孩子制订计划的时候，应该将德、智、体各方面都安排进去。当然，学习是其中最重要的部分。

另外，一份计划上不能只出现学习的大概时间和科目，要有具体的章节安排，比如：在特定的时间内做哪些科目的习题，看哪些科目的笔记等。只有制订出得体的计划才能真正地体现出计划的价值，发挥出计划本身的优势。

3. 计划要体现重点

在制订计划时，应该辅导孩子在时间的分配问题上有侧重点，例如：对孩子的"非优势学科"要计划出足够的时间，在复习知识的重点和难点时，计划的时间也要长一些。

当然，这并不代表要忽视一般知识和优势学科的学习，在制订学习计划的时候要遵守这样一条原则——抓住重点，兼顾一般。

4. 合理安排好各学科的学习

当孩子制订学习计划时，家长最好能让孩子对单一科目的学习时间做出适当的规划，使孩子在最短的时间内完成某一科目的学习任务，从而提高学习的效率。

另外，也要让孩子在计划中体现交替学习的特征，规定好在特定的时间内学习文科性质的功课，在另一个特定的时间段内学习理科性质的功课，使之交叉学习，避免出现学习疲劳。

5. 安排出自由支配的时间

安排出可自由支配的时间是学习计划中不可或缺的部分，应当成为制订学习计划的重点部分。

在学习计划中，不仅要安排好常规学习时间。这个时间是用来完成老师当天布置的学习任务，"消化"当天所学的知识。还应该教育孩子安排出自由学习时间，对这个时间孩子可以自己支配。利用这段时间，孩子可以弥补自己学习中的欠缺，深入钻研，开展自己的优势和特长项目。

6. 计划的制订要有弹性

学习计划要具有一定的弹性，要灵活处理。比如，争取在期中或期末考什么名次，目标可以分好、中、差三个层次，争取实现最好，力保中等目标，至少要到第几名，这样既有压力又有弹性。否则压力过大，会使学习安排得太紧，导致实现计划时会有很大的难度，甚至会使计划落空。

7. 不要让孩子太关注结果

在执行计划的过程中，孩子容易对自己努力的结果过于担忧。家长应告诉他们，不要过分关注计划实施的结果，不要为了学习计划最后能否兑现而感到过度的焦虑和恐惧，只要脚踏实地地努力学习，尽力就好。

打好基础，让孩子学会学习

如今，对于高考状元，家长们都异常关注，尤其是家有高中生的孩子。很多家长都希望自己的孩子能够从这些高考状元身上吸取学习经验，提高成绩。其实，通过对历年高考状元学习经验的分析，可以发现：每个高考状元的学习秘诀都是不同的，每个人的学习方法也是不一样的，可是有一点却是相同的——打好基础。

案例一：

李颖川是2014年湖南省郴州市高考文科状元，谈及学习秘诀，她认

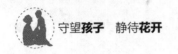

为：打好基础很重要！只要上课时做好笔记、把课堂上的东西弄明白了，做题目就会比较轻松。

案例二：

2014河北迁安高考理科状元叫谢昀霏，有人问他："你能取得这么好的成绩，有什么学习秘诀向学弟、学妹们传授？"他说："我觉得高一、高二一定要打好基础，这是高考取得好成绩的关键。"

万丈高楼平地起，打牢基础是根本。学习中，打好基础最重要，没有扎实的基础，无论多矮的楼，都会有倒塌的可能。

孩子的学习是每一位家长最为关心的问题，而教育、引导孩子学会学习，不仅是教师的职责，也是每一位家长义不容辞的责任。作为家长，要想有效地指导孩子的学习，除了积极地配合学校教育外，还应当让孩子打好基础，让孩子学会学习。

1. 创造良好的学习环境

心理学的研究表明，安静、优美的环境能对人的心理产生良好的影响，使人心情舒畅，精神愉快，不易疲劳。相反，噪音污染、杂乱无章的地方会使人烦恼，心情压抑，易于疲劳。因此，室内布置整齐和谐，井然有序，有利于激发孩子的学习兴趣，增强记忆力，提高学习效果。

在孩子上学伊始，就要为孩子创造益于学习的家庭环境。①为孩子安排一个安静整洁的房间，供孩子读书学习，配备书桌、学习用品和工具书等；②建立一份全家人共同遵守的生活制度，比如晚饭后，在孩子学习的时间里家长读书学习，不大声说笑，不看电视，不为小事打断孩子的思考，不允许相互干扰等。

2. 培养良好的学习习惯

常言道："积千累万，不如养个好习惯。"培养孩子良好的学习习惯，不能只停留在反复地讲道理和单纯的启发兴趣上，而要注重行为练习，因为习惯只有在实际活动中不断地按规律去做才能形成。

3. 注重方式方法，引导孩子热爱学习

每个家长恐怕都会想，如果孩子肯用功读书、学习成绩好一点，那该多好。可幼年时期正是贪玩的年龄，孩子好玩、好动，往往管不住自己。所以，家长必须教育引导孩子热爱学习，纠正不良习惯。

多多上一年级的时候，自控力比较差，常常边学边玩。有时做题粗心大意、不细心，作业做错了还责怪家长没有检查出来，爸爸感到很头痛。

有一次考试后，多多无精打采地回到家，爸爸看出他的心里很不开心。看过试卷后，爸妈并没有指责他，而是同情地对他说："没关系，没考好只是暂时的，其实你是能考好的，对不对？没考好的原因就是会的题由于不细心做错了，相信你以后能改掉粗心的坏习惯，下次一定能考好！"

这样做既保护了孩子的自尊心，又使孩子逐步改正了不良的学习习惯，对学习产生了信心。所以，家长在培养孩子的过程中不要忽略孩子的年龄特征和心理特点。每个孩子都有上进心，他们受到赞扬与激励时，这种上进心就会得到强化。家长应该时时刻刻利用孩子的这种心理，对孩子多加鼓励与赞扬，不断激发孩子的学习兴趣。

总之，每个孩子都有各自的性格特点，教育方法应该是灵活多样的。家长要根据实际情况，对孩子多了解、多沟通，与老师密切配合，并科学地加以引导，才能帮助孩子在良好的学习环境中健康成长。

不让孩子在同一个地方跌倒两次

现在大部分家庭都只生一个孩子，孩子一出生后被若干人娇宠着，在家中犹如小皇帝、小公主一般。孩子刚学会走路的时候经常会摔跤，但只是轻轻地摔一跤，就会让妈妈们心疼不已。前几天，在公园里看到的一幕不由得让人深思：

一位年轻的妈妈带着小男孩在公园里散步，小男孩最多不过两岁，可能是走快了，"咕通"摔了一跤，看得路人都想上去扶一把。但是，年轻的妈妈却没显得有多紧张，妈妈只是站在后面微笑着说："儿子，自己站起来。"

小男孩在地上想了一会后，便用小手撑在地上，吃力地站了起来。妈妈又说："自己把身上拍拍干净。"小男孩接到命令，便用小手像模像样地在身上拍了几下。

我很好奇，问这位妈妈："很多孩子摔倒后都会赖在地上号啕大哭，等着大人过来扶，你家的孩子怎么就这么懂事？"

这位妈妈笑着告诉我说："我们是有意不去扶他起来的。孩子还小，或许以这样的一种方式去教育孩子有些残忍。可是，如果某一天我们不在孩子身边时他摔倒了，他就只能在地上可怜地哭了。"

……

我很赞同这位妈妈的做法！

家长是孩子的第一任老师，不论希望孩子将来干什么，都要让孩子从小学会面对困难、面对挫折，一味地将孩子视为掌上明珠，不让他们受一点委屈，就等于剥夺了孩子的吃苦精神和创造力培养的机会。家长是慈爱的，但并不是无条件地妥协，更不是软弱，要在慈爱中赋予孩子坚强的品质，要让他们懂得一个道理：跌倒了自己爬起来。

在孩子的成长过程中，家长一直在用他无私的温情关爱着子女，保护着羽翼下的孩子不受到伤害，这也正是家长的伟大之处。但是，如果这种无私的爱护不加以适度地控制，就会变成溺爱、纵容。这样一来，家长的慈祥就会变成无条件地妥协和软弱，从而让孩子深受影响，在心理上产生依赖思想，行为上产生软弱性。

要改变这种现象，就要教育孩子要采取正确的态度，勇敢面对，向困难发起挑战。当孩子犯错误或过失时，家长要抓住时机对孩子进行正面教育，引起孩子情感上的重视。

1. 引导孩子正确认识困难

孩子毕竟是孩子，他们会做错事、说错话，不要紧，家长要告诉他们：人在小时候总会出现这样那样的错误，就是那些有名的科学家小时候也常犯错误，他们也会遭遇失败、挫折，如爱迪生、爱因斯坦……重要的是在遇到困难、失败的时候要自己想办法解决。只有让孩子在克服困难中感受挫折、认识挫折，才能培养他们不怕挫折，勇于克服困难的能力；并

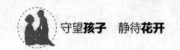

产生一种积极向上的热情，从而积极主动地接受新事物，树立敢于面对和承受挫折的自信心。

2. 提高孩子对挫折的承受力

孩子在遇到困难和失败时往往会产生消极情绪，表现出畏缩、退却、逃避等行为，因此，家长应该在平时有意识地设计一些有一定难度、跳一跳就够得到的任务，让孩子去完成。

在孩子遇到困难退却、逃避的时候，为了提高孩子的心理承受力，可以有一些批评，不能因为不忍心、舍不得孩子受委屈，就不愿意对孩子的行为做出正确的评价。当然，在孩子承受挫折的时候，家长还是需要给孩子适当的鼓励，给他们面对挫折的勇气。

除此外，家长还要给孩子提供面对现实的机会，让他们意识到成功是建立在自己努力的基础上的。无论是快乐、失望还是痛苦，都要让孩子自己去体验、去经历，如此才能使孩子有足够的能力去面对未来各种各样的挑战，去适应日新月异的时代的变迁。

3. 增强孩子承受挫折的自信心

自信心是一种强大的内部动力，能激励人在对事物和现状具有一定认识的基础上，坚持不懈地运用自己的智慧完成任务，追求既定目标，实现自己的理想。所以，在引导孩子正确认识困难的时候，还要增强孩子对抵抗挫折的自信心。在孩子遇到问题的时候，可以对他们说"你一定能做好""你一定会成功的""你很能干""继续努力"等，让他们相信自己能做好。

另外，榜样的力量是无穷的，在孩子怕自己不行而退却的时候可以说："别怕，你可以的，你看××能做，你也一样能做好，你也行的。""我相信你会跟××一样勇敢。"如此，在榜样的力量下，孩子会变得越来越有信心，越来越勇敢，增添自己战胜困难的自信。

学习目标需适宜

对孩子的了解，没有比家长更了解的透彻和清楚的了。因此，家长如果清楚地知道孩子的能力，在引导他们制定目标的时候就一定要符合孩子的实际。**不切合孩子实际的目标，不仅对于孩子无益，而且会挫伤孩子的积极性和主动性**；给孩子制定的学习目标太高，只会伤害了孩子。

慢慢让孩子把该学的学完就可以了，如果为孩子设立了不适当的目标，盲目要求孩子，等于逼孩子跳过他们无法跳过的坎，只会伤害孩子的自信心。

一个目标实现了，再定下一个努力一下就能达到的目标，循序渐进，不断提高，这就是目标的渐进性。一个小目标的成功对孩子的信心和能力是一种成功的积淀。等这些小目标都实现了，再向更大更高的目标迈进。孩子的可塑性很强，如果目标制定得科学、合理，有激励性，那孩子在制定的目标下，就会百尺竿头更进一步，达到一个又一个小目标，向人生的更高目标前进。在这里，给家长提供一些建议：

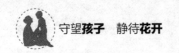

1. 让孩子了解设立学习目标的意义

没有明确的学习目标，孩子的学习就会变得漫无目的，他们不知道自己该达到什么目标，也不知道该如何进行学习。

如今，许多孩子学习时没有明确的目标，只知道一味地做题，完成老师布置的作业，从来没想过要自己达到一个什么目标，这样是没有意义的。因此，家长要让孩子了解设立学习目标的意义，指导孩子正确地制订适合自己实际的学习目标。

2. 和孩子一起制订合理的学习目标

帮助孩子制订学习目标时，家长要充分尊重孩子的意愿，在了解孩子的想法后，和他们一起制订学习目标。家长应该启发孩子自己确立学习目标，而不能越俎代庖地给孩子制订学习目标，这样既不尊重孩子，也难以激发孩子的自觉、主动性。

制订学习目标的时候要与孩子一起商量，根据实际情况帮孩子确立一个切实可行的学习目标，切忌不顾孩子的实际情况，不问孩子的想法，主观地给孩子制订学习目标。

3. 帮孩子把大目标分解成小目标

学习目标如果过于遥远和庞大，难以激励孩子即刻采取行动去实现。因此，家长应该让孩子把大目标分解成一个个的小目标，最好具体到每一天需要完成的目标。

没有小目标的实现，大目标就失去了支撑。在帮助孩子确立远大的理想后，家长要指导他们从小目标开始做起，让孩子感受到实现小目标是通往远大理想的必由之路，每实现一个小目标就是在通往成功的阶梯上又上了一级，激发出他们学习的强大动力。

4. 让孩子学会修正学习目标

家长是孩子人生中的第一任导师，应该时刻准备好指导孩子走出学习或生活的误区。孩子的学习经验有限，制订出来的学习目标肯定有许多实践起来会有困难。此时，家长就可以利用自己的经验，告诉孩子适时适当地修正自己的学习目标。

同时，要告诉孩子一些修正学习目标的方法和可以修正的合适时间，例如，当发现自己制订的学习目标严重不符合实际情况或者实际情况发生了变化时，就要及时修正自己的学习目标了。

5. 鼓励孩子把目标坚持到底

如果学习目标与实际情况符合，家长就应该鼓励孩子把学习目标坚持到底。如果孩子缺乏坚韧的意志力，再好的学习目标也不过是镜花水月。孩子做事一般都没有意志力，经常会半途而废，家长应该及时为他们加油鼓劲，鼓励他们坚持到底。

好成绩不是逼出来的

大多数家长都希望自己孩子学习成绩好，能够考全班第一名，能够考上北大清华等名校。孩子学习成绩优异，自然是一件令人欣慰的事情。然而，现实是残酷的，并不是所有的人都能考全班第一，考上北大清华的人更是少得可怜。给孩子一些不切实的目标，逼迫孩子去实现，更是不妥的！

有这样一则新闻：

最近这一段时间，一到周末时间，周女士心里就犯慌。因为丈夫望子成龙，在学习上逼得紧，周末都守着14岁的儿子小珂做试题。小珂受不了，多次离家出走。其实，小珂从小很听话，家长说什么就是什么，从来不反抗，周女士认为，这一切都是丈夫的教育方式出了问题。

小珂爸在外地做生意，文化程度不高，但接触的人很有文化。他知道，没文化要吃亏，所以对小珂的学习要求特别严格。初一、初二学校没有晚自习，小珂放学早，只要自己一有空，小珂爸就会在家就看着小珂，督促儿子做作业。做完老师布置的作业，他还会再给小珂布置作业，小珂写完作业经常是晚上11点了。

小珂爸每次逛街必逛书店，一到书店最爱买教辅，特别是黄冈秘卷等应试类试卷，有时还特意背上背包到书店装书。买回教辅后，小珂爸总会守着儿子做题，一到周末就逼着小珂做试题，做完他亲自批改，分数不理想还会教育儿子一顿，寒暑假也不让儿子多休息，各种辅导材料、试题堆着给孩子做。

小珂上初三后，周女士发现儿子越来越不爱回家。小珂爸多次为此大发脾气，结果儿子受不了，第一次离家出走，此后有时周末也不回家。上个月，小珂竟又连着半个月没回家，全家人四处都找不到，最后还是他自己回来了，问他去哪了他也不说。

小珂爸总认为他的教育方式没有问题，孩子就该严厉管教。现在一到周末周女士就感到害怕，担心儿子又不回家，在外出事。

面对孩子学习成绩不好，很多家长就是强制孩子学习。有的家长用尽一切方法来逼孩子学习。要是孩子不想学习，真的可以逼他学习吗？

其实，**要想孩子努力学习，需要的是来自孩子自发的兴趣，而非外在力量去强制**。

孩子成绩的好坏程度，除了个人努力之外，还和个人智力等因素有关。上帝创造了人类，但每个人的智商都是不同的，并且擅长的领域也是不同的。学习并不是只要拼命，成绩就一定比别人好的事情。

学习固然重要，但更重要的是孩子的健康成长，身心的全面发展。现在都提倡"减负"，学校一头在"减负"，另一头家长们却想尽法子为孩子"补课"。其实，在保证基本原则的条件下，可以适当对孩子进行宽松式的管理，一方面能摸清孩子的兴趣所长，另一方面也能保证孩子充分的休息娱乐时间。

孩子的学习不是逼出来的。如果逼孩子学习，孩子的成绩不一定上去，反而很可能会产生各种副作用，这就是代价。因此，家长应该记住，凡事都有代价，逼孩子学习也是如此。家长要敞开心扉听听孩子们内心的声音，孩子们的学习压力已经很大了，家长们就别再添乱了。

第八章
Chapter 8

能力培养，
需要慢慢"熏"

能力的培养不在一朝一夕

孩子的阅读能力不是"打"出来的

孩子的动手能力不是"说"出来的

孩子的创新能力不是"教"出来的

孩子的思考能力不是"帮"出来的

孩子的交际能力不是"闹"出来的

孩子的领导能力不是"训"出来的

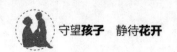
能力的培养不在一朝一夕

如今社会对人才的要求越来越高，不仅要具备专业的知识，还要善于与人交往；不仅要懂得察言观色，还要能言善辩；不仅要懂得控制自己的不良情绪，还要善解人意……秉承工作中的经验，很多家长都会在教育中对孩子提出各种各样的要求，想让孩子提高各方面的能力。然而，孩子能力的培养并不是一朝一夕的，是一个潜移默化的过程。

家长一：

从小我就叮嘱儿子，饭前便后要洗手，可是现在他都六岁了，依然我行我素！想洗就洗，想不洗就不洗；想起来了就洗洗，想不起来就不洗……这几天，我发现儿子写字的姿势不正确，于是做了纠正，嘱咐他在一个星期的时间里养成坐姿端正的习惯，可是，哎！真是一言难尽啊！

家长二：

我女儿很乖，而且很有礼貌。很多人都问我是如何让女儿养成这个好习惯的。其实，为了让女儿讲礼貌，我们也费了不少功夫。如果女儿忘记了，我就会及时提醒她；如果孩子表现得好，我也会适时对其进行表扬。渐渐地，孩子在这一点上就不用我操心了。

今天，看到孩子的行为有了不合适的表现，很多家长都会训斥孩子，或者让孩子在最短的时间里做好。我觉得，这很不现实。任何习惯的养成都有一个过程，孩子们是很难在两三天的时间里就养成某一个好习惯的。

儿童发展有两个最重要的影响因素：一是遗传，一个是环境。遗传受基因决定不可控制，但遗传也需要在对的时间、有适合的环境做配合，才能将孩子的能力真正展现出来。家长要做的是为孩子预备一个适宜的环境。

因此，要想培养孩子的能力，家长要做到如下几点：

1. 全面了解你的孩子

要培养孩子的能力，就要了解两个概念，一个是能力发展的快慢，一个是特殊能力。能力发展的快慢是指有人少年天才，有人却是大器晚成；特殊能力指的是有的人在特殊学科领域会显示出超人的才能，如在音乐、艺术、数学等方面。

家长要对孩子多观察，通过对孩子的询问或交谈，了解孩子。例如：如果想让孩子提高音乐素养，就要了解：孩子是否对声音极为敏感？是否对物体的形状、颜色特别感兴趣？是否富于想象等。只有发现了孩子的兴趣和异常点，才能针对这些特点加以培养；只有充分地了解了孩子，在教育中才能做到有的放矢，所谓因材施教就是这个道理。

2. 正确引导孩子的兴趣

一旦发现孩子在某方面的特殊兴趣，家长就要积极引导，启发他悟出一定的道理来。

如果孩子喜欢玩积木，可以让孩子将积木堆的房子同周围的建筑物加

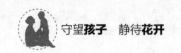

以比较，或从力学方面向孩子提问：积木这样堆为什么会倒下而那样堆为什么不倒？同时还可以为孩子提供这方面的科技书籍，因势利导。

3. 多让孩子自己做决定

如果孩子要吃苹果，可以拿出一红一黄2个苹果让孩子挑选，让孩子体验分析、权衡、判断等过程。

如果要买衣服，可以让孩子选择一下要红的还是要绿的。当家长将这些事情都让孩子自己去做的时候，就会发现：孩子每做完一件事，总是喜形于色——他多了一次经历，取得了一次成功。

4. 帮助孩子建立自信心

研究发现，很多孩子在自己做某一件事前总是有一种恐惧心理，而家长往往把问题看得很简单，当孩子不愿做时，或呵斥他懒，或挖苦他蠢。有的孩子平时会唱歌、跳舞，可是一到陌生的场合就怯场，这时如果家长越发催促，孩子就越会心理紧张，恐惧感也越强。

家长的威逼、挖苦只会导致孩子缺乏自信心，产生自卑感。如果家长经常说孩子蠢，孩子也会慢慢地确信这一点，害怕活动，更不愿在陌生的场合表演了。因此，在大多数场合下家长应对孩子加以鼓励，如："你前天不是做得很好吗？""别怕，你先试一试！""别丧气，再来一次！""没什么，我和你一起做。"

5. 表达出你对孩子的希望

孩子大都认为，家长是最亲近的人，他们一般都乐意做家长要他们去做的事，而且做完后常常为此而感到骄傲。因此，家长应该让孩子明白，你希望他能做什么而不做什么，也就是要给孩子定个目标，如在本周内背熟一首诗、在节日前跳会几个舞等。

6. 适时地给予孩子奖励

有时候，家长会碰到这样的事：孩子一出校门，就开心地对你说：

"妈妈，我今天得了××。"这是孩子在对你表功，他希望你分享他胜利的快乐并得到你的奖励。获得成功希望奖励，大人如此，小孩也是如此。这时候，就要给孩子一些奖励，可以是口头上的，也可以是物质的。

当然，奖励并不等于给孩子太多的物质刺激。其实，家长的一句话"干得好！不错！还有下次呢！"家长的一个微笑，一个亲切的吻、拥抱都会让孩子感到满足，得到心理上的补偿。

孩子的阅读能力不是"打"出来的

在当今信息时代，知识的更新频率越来越快，阅读是人了解社会的重要方式，也是孩子认识社会和自然界的渠道。培养孩子的阅读兴趣，让孩子喜欢读书是家长献给孩子最好的礼物，也是家庭教育成功的标志。

精彩的人生常常跟在精彩的阅读后面，优秀的文学作品可以为孩子打开一扇心灵的窗户。**孩子喜欢阅读胜过纯粹的学校教育，胜过一台计算机，胜过最高级的大学文凭**。热爱阅读可以改变孩子的一切，使孩子一生受益，家长要不失时机地对孩子进行阅读教育。

有这样一个小故事：

一个小女孩问妈妈："你怎么这么聪明？肚子里有讲不完的童话、讲不完的故事呢？"

妈妈拿着一本童话故事书，神秘地对她说："是它把我变聪明的。"

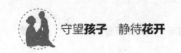

从此，这个女孩就和书交上了朋友。书真是神奇的法宝。自从爱读书以来，周围的人都夸她聪明。长大后，她得出一个结论：读书能把一个笨孩子变成聪明的孩子。

书籍有一种强大的教育力量，能够吸引孩子的理智和心灵，激起他们对世界、对自己的思考。对于阅读的好处，相信大多数家长都明白。可是，有些家长却采取了不正确的方式。为了让孩子扩大阅读量，竟然拿起了棍棒。当发现孩子没有读书的时候，他们会训斥孩子；当看到孩子在课外书上乱涂乱画的时候，他们会痛骂孩子；当发现孩子没有按照自己的要求读书的时候，有些家长甚至还会对孩子痛下"杀手"。可是要知道，这样做对孩子阅读能力的培养是毫无益处的。

阅读能力是一种综合能力，它不是一朝一夕可以形成，而是循序渐进的一个过程。孩子由于受年龄、知识和生活环境所限，不论在阅读习惯、方法和材料等方面都会遇到很多困难。家长作为孩子的第一任教师，是孩子阅读的启蒙者，要担负起阅读教育的职能，激发他们的阅读动机，加强培养他们的阅读兴趣，选择合适的阅读材料，并与孩子一起阅读。具体来说，应该做到以下几点：

1. 激发孩子的读书兴趣

从小激发孩子的读书兴趣，对孩子一生的成长都有着重要的影响。很多时候，孩子对阅读的兴趣是从家长栩栩如生、生动形象地讲故事开始的，因此，家长应耐心细致地多陪孩子看看书，讲讲小故事。同时，还可经常与孩子在一起交流读书的方法和心得，鼓励孩子把书中的故事情节或具体内容复述出来，把自己的看法和观点讲出来，然后大家一起分析、讨论。

兴趣是孩子读书最强有力的动力之一，只要让孩子对他从事的阅读活动产生兴趣，他就能积极地、热情地完成这项活动：一旦孩子发现读书是一种顺利而且有趣的体验，家长就要在他心中植入读书的欲望。经常这样做，孩子的阅读兴趣就可能变得更加浓厚，孩子的阅读水平也将逐步提高。

2. 为孩子大声地朗读

给孩子朗读是家庭教育中必不可少的一个内容，不仅能给孩子必备的知识；还可以让孩子养成阅读的习惯，引导他们迈上成功的阅读之旅。培养孩子的阅读能力，要从给孩子朗读开始。

3. 创设良好的家庭读书条件

家庭有没有书，孩子是不是经常能接触到书，与孩子是不是喜欢阅读有着很大的关系。家庭环境对孩子的影响很大，要想让孩子喜欢阅读，在家里就要用心布置一个方便阅读、刺激阅读的环境。

如果条件允许，完全可以"汗牛充栋"，只要是对孩子阅读有益的书籍，就要买好，而且放在孩子每日见到的地方，天长日久，孩子每天所见都是书，随意翻翻，慢慢就会对书籍产生兴趣。可以在家里布置一个类似读书角的空间，放上配合孩子身高的书架、坐垫，书架上摆放各自爱好的书等，在固定时间里陪孩子看书，让孩子养成阅读习惯。

4. 引导孩子阅读经典文化名著

经典文学是世界历代文人和学者的绝世之作，经过几千年的大浪淘沙留下来的脍炙人口的作品。如果孩子经常阅读这些经典文学，让自己的心灵与大师们交流、碰撞，由表及里地感受到文字里所蕴藏着的瑰宝，他们自身素质的发展就奠定了高起点、高标准。所以，家长要引导孩子多读一些经典名著。

5. 帮孩子挑选适合的图书

家长可以带孩子去书店，让其挑选他喜爱的图书，当然，家长也要在一旁当好参谋。在为孩子选择书籍时，应该循序渐进，要根据孩子的兴趣

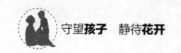
爱好和已有的阅读水平，选择他们看得了的书。如果孩子特别喜欢阅读，可以选择稍微高于孩子实际水平的书籍；相反，如果孩子不喜欢阅读，可以选择略低于孩子实际水平的书籍。同时，要为孩子选择他们喜欢的内容。只有孩子感兴趣，才会主动去看、去学。因此，在购书时，家长应该给孩子一定的自主权。

一般说来，从上小学开始，大部分孩子在阅读内容的选择方面已逐渐形成自己的爱好和兴趣。家长应注意观察、了解和引导，不宜过多地干涉，更不要按自己的意志强行改变孩子的阅读爱好，也不要按自己的知识观和阅读习惯为孩子开列必读书目。否则，孩子会对阅读产生厌恶和恐惧，最终失去阅读兴趣。

孩子的动手能力不是"说"出来的

有个词语叫"心灵手巧"，人的思维发展与动手能力有直接的关系，动手的时候大脑皮层更加活跃，从而能促进大脑发育。动手能力的重要性由此可见一斑！

为了提高孩子的动手能力，很多家长也会鼓励孩子多做事，可是由于年龄的限制，孩子做事的时候容易出现一些错误，这时候有些家长就会喋喋不休地唠叨。其实，这样做是非常不正确的。

一天，郭女士带着儿子小军到姐姐家做客。吃完饭后，外甥女小美便主动收拾碗筷。小美今年12岁，比小军大1岁。看到小美这样主动，郭女士便对小军说："你看人家小美，才比你大一岁，就懂得收拾！"小军嘻嘻一笑。

回到小区的时候，他们遇到了住在同一幢楼里的母子俩。母亲走在前面，儿子跟在后面，每人拎着一个装满菜的手提袋，很显然他们是刚买菜回来。郭女士看看儿子，说："你看看人家，还跟妈妈一起买菜！"小军不说话了。

一回到家，小军就拿出自己科幻书看起来，直到妈妈喊他吃饭他才将书放下。妈妈看到他的样子，又说："看完书也不放好，怎么乱扔！"小军大喊一声："你烦不烦啊！"

不可否认，案例中的郭女士本意是好的，她希望自己的儿子提高动手能力，可是仅仅说几句话管用吗？任何一个好习惯的培养都需要时间的积淀，仅仅提醒几句是起不到任何作用的。

孩子的动手能力一般都很强，尤其是在年幼的时候，如果这时候给予恰当地引导，他们就会学会做很多事情。那么，如何培养孩子的动手能力？

1. 改变重知识轻能力的思想

很多家长总是以成绩的高低来评价孩子，忽略了孩子的全面发展，其实明智的家长不仅重视孩子学习成绩，更重视孩子的能力发展。

家长要重视发掘孩子的潜力和能力，冲破传统教育理念的桎梏，将孩子的动手能力教育列为重要的教子课题。

2. 给孩子多一些信任

在孩子动手实践的过程中，会培养出独立精神和勇于创新的意识。家长把信任传达给孩子，孩子就会树立"我能行"的心态，并在实践中不断印证这种感觉，最终干成一番大事业。孩子学到书本上的知识只是理论上的，要想孩子真正将知识转化为自己的经验和财富，家长一定要相信孩子能行，只有家长相信自己的孩子是天才，孩子才能真正地成为天才。

实践的过程是对孩子综合能力的检验，孩子在实践中才会真正地发现和了解自己。如果孩子对自己没有信心，不敢尝试或害怕失败，家长不要对此冷嘲热讽，而要鼓励和支持孩子，让孩子肯定自己的能力。在家长的信任和鼓励下，孩子的素质才会不断提高。

3. 减少孩子对家长的依赖

如果孩子对家长存在很大的依赖感，事事都依靠家长，即使是自己可以动手做的事情也推脱给家长，就会在心理上产生惰性，难以自觉地动手实践，甚至在家长的督促下也不愿动手。因此，家长要减少为孩子做事的冲动。

在生活中，只要孩子自己可以做到的，就让孩子自己去做；在学习上，也要尽量让孩子自己完成，如孩子做作业的时候，家长不要插手，要让孩子自己将学到的知识更好地理解消化，这样孩子会逐渐摆脱对家长的依赖，具备较好的动手实践能力。

小伟爸有一套自己的教子理论，最基本的教育理念就是：孩子的事大人不管，放手由孩子自己来做。

一天，小伟遇到一道数学难题，拿来问爸爸，爸爸只跟孩子说了三句话："老师是怎么说的就怎么看，定义定理怎么讲的就怎么做，例题怎么运算的就怎么办。"

小伟不理解父亲话语的意思，爸爸耐心地告诉他："告诉你方法，比告诉你一百个答案都重要。如果只是告诉你答案，下次你还是不会，因为你从此对爸爸就有了依赖。"

小伟听懂了爸爸的话，通过自己的能力独立把难题解决了。

小伟爸非常了解自己的孩子，用了几句话就轻松地改变了孩子的依赖心理，这是每位家长都要借鉴的。只有减少孩子在学习上对家长的依赖，才能真正帮助孩子提高自己的动手能力；只有给孩子充分的自由，让孩子减少对家长的依赖，孩子才会在家长的放手中锻炼自己的动手能力，成为优秀的孩子。

孩子的创新能力不是"教"出来的

创新能力是素质教育的核心，对孩子创新能力的培养已经引起了如今很多家长的重视，可是有些家长对此并不理解或是有所误解，有人认为，只要教给孩子方法，孩子就会学习。其实，**创新能力的发展并不是简单地教一教就完事的，需要从多方面进行培养。**

小芳非常喜欢画国画，但是她经常会为一些小小的失误而苦恼。比如有时下笔的时候掌握不好，滴下一大团墨；有时因为收笔的时候手不稳，留下一个小尾巴。

一次，小芳正在画荷花。这时，大舅到她家来玩，看到小芳在画画，就很有兴趣地站在旁边看。"小芳画得真不错！"大舅一边看，一边夸奖她。

也许是因为受到夸奖太激动了，也许是因为有客人在场有点紧张，在最后收笔的时候，小芳没有握紧笔，在绿色的荷叶上留下了一块大大的墨迹。小芳难过得眼泪都流下来了。

这时候，大舅微笑着对小芳说："那张画只是有一点点墨，完全可以补救一下啊。""怎么补救啊？还是重画吧。"小芳摇摇头说。

"你想想，湖里除了荷花，还有什么会在荷叶上？"小芳听了这话，好像想起了什么，拿起笔来，在刚才滴墨的地方描描画画了一番。

画完之后，大家一看，她在荷叶上画了一只墨绿色的小青蛙，真是绝妙极了！大家都为小芳鼓起掌来，小芳也破涕为笑，激动地对大舅说："谢谢你！"

后来，小芳对画画更有兴趣了，也更有信心了。

在家庭教育中培养孩子的创新意识和能力，应该引起家长的重视和关注，要最大程度地开发、保护孩子的创造精神，改变传统的教育观，为他们建立一个平等和谐的亲子关系，营造一个适宜创新的学习、生活环境，鼓励孩子的多向思维，引导孩子善于观察、敢于动手实践，使孩子的每一个"创新"都能在家长的呵护下健康成长。

在现实生活中，很多家长仅看重孩子的考试分数，而忽视孩子个性特长、兴趣爱好的发展；有的家长则过分看重孩子的"全面发展"，要求孩子学外语、音乐、舞蹈、美术……让孩子失去了自由成长的空间。这些现象对孩子创造力的发展十分不利，很多有创造潜能的孩子长大后十分平庸，与这种"独断专横"的家庭教育有直接联系。

家长是孩子的第一任老师，应重视对孩子的创新意识的教育。良好、合理、科学的家庭教育，重在从小培养孩子的创新意识，是孩子全面发展的关键。

1. 为孩子营造充满创新意识的家庭氛围

从孩子出生后到幼儿期，家庭是他们的主要生活环境，他们接触最多的是家长。家长的言行举止都在影响着孩子，孩子会模仿家长的做事态度和方法。因此，为了培养出具有创新能力的孩子，家长一定要在孩子面前树立创新的形象，同时还要给孩子传达乐于创新的态度。

2. 善于激发孩子的好奇心

好奇心是激发孩子创新能力的内驱力，是孩子有所成就的动力，可以唤起孩子的内在潜能，使孩子完全投入到创造性活动中去。许多发明和创作并不是事先预料到的，往往是在好奇心的推动下通过创新性思维得出来的。

富有创新精神的孩子一般都有较强的好奇心，孩子只有对客观世界的事物怀有强烈的好奇心，才有可能发现改进和改变的方面，而这正是创新思维的基础。孩子好奇心越强，掌握的现实材料就越多，就越有利于创造出新的成绩。

爸爸很喜欢养花，家里的花很多。一天，小刚突发奇想地剪下了几枝月季花和太阳花，悄悄地埋到了泥土中，还煞有介事地为它们浇水。过了两天，他看到月季花都蔫了，但是太阳花却开花了，还冒出了几个新芽。

小刚感到很纳闷：两种花是按照同样的方法种的，为何结果却不同呢？小刚带着自己的疑问去找爸爸。

爸爸很认真地给孩子讲了为什么会出现那样的情况。他相信，鼓励孩子的每一点新想法，对孩子会是莫大的帮助。

孩子的头脑通常是开放式的，对外界新鲜事物往往怀有浓厚的兴趣，因此，他们会以好奇的心态向家长提问，这些问题是孩子了解世界、培养创新能力的重要途径，家长千万不要对孩子的问题置之不理或是嫌弃孩子，否则孩子会逐渐失去好奇和热情。

家长要珍视并且善于保护孩子的好奇心，正确激发和引导孩子的好奇心，为孩子提供安全的创造环境，可以点燃孩子学习新鲜事物的欲望。可以耐心地回答孩子的提问，经常陪孩子出去走走，使孩子的好奇心向正面发展；如一味地斥责、制止孩子的探索行为，只会阻碍孩子的好奇心发展，把孩子引向错误的方向。

3. 重视培养孩子的观察力

资料显示，孩子从外界获取的信息80%都是通过观察获得的。孩子只有学会观察，才会记忆和思考，从这个意义上来说，观察力是思维的出发点。

观察力是创新能力的基础，对于孩子创新能力的培养至关重要。孩子只有在生活中多听、多看，才会掌握更多的知识，积累更多的经验，找到事物的内在联系，才能顺利发挥自己的创新思维去解决问题。

孩子的创新性除了受遗传因素的影响外，还受到教育和环境的影响，家长要从孩子小时候开始，为孩子创造良好的环境，帮助孩子拓宽视野，让孩子敢于观察、善于观察，以开启孩子的创新性。

4. 教孩子掌握创新技巧

科学的方法和技巧是培养孩子创新能力的先导，事实证明，能够有所成绩的人大多会从他人想不到的角度去思考问题，从他人没有发现的角度去分析问题。在日常生活中，家长要引导孩子学会多角度地分析和看待事物，培养孩子的发散思维，逐渐形成创新性思维。

创新的主要方法有：延伸、综合、革新、演绎、变向等，很多经典性的创新都运用了其中一种或是多种方法。只有掌握了这些创新技巧，孩子才会在此基础上发展创新性思维。比如家里的曲别针，可以引导孩子发现它的其他作用，如代替别针、做鱼钩等。

5. 鼓励孩子的探索行为

冰心曾说过："淘气的男孩是好的，淘气的女孩是巧的。"孩子爱玩，喜欢探索未知的事物，并不意味着孩子是坏孩子；相反，这正是孩子创新能力的开始和萌芽，家长不仅不应该制止，还应该有意识地保护和珍惜，给孩子充足的时间和空间，让他们有机会去发现和研究感兴趣的事物和想法。只要孩子是安全的，家长就应积极鼓励他的各种探索。

家长要学会欣赏孩子的探索欲望，允许孩子的探索行为，包括在家里拆卸一些东西。家长可以提前告诉孩子，在拆卸的时候记住拆卸的顺序，拆卸完之后试着重新组装好。这样做，既可以满足孩子的探索欲望，又能够锻炼孩子的动手能力。即使孩子不小心将东西弄坏了，也不要轻易地责怪孩子，否则会扼杀孩子的创造性。

孩子的思考能力不是"帮"出来的

现实生活中，有的家长把一切事物都安排得十分妥帖周到，从来就没有想到什么是需要孩子自己去考虑、去想办法、去解决、去处理的。当孩子遇上困难时，家长常常不假思索就帮孩子把困难解决了。慢慢地，当孩子再遇到困难时自己就不愿意思考，就指望家长的帮助了。长此以往，便扼杀了孩子的思考能力，更谈不上解决问题的能力了。

今天，我们已经处在"信息时代"，处在"知识爆炸"时代，客观上对每个人的思考能力提出了挑战。**愈有思考能力的孩子求知欲望就愈强，终身学习的能力就愈强、创造力就愈强**。这种能力使他能够与时俱进，备受社会的欢迎。

有一次，美国电视台的著名主持人问一个七八岁的女孩："你长大以后想做什么？"女孩自信地回答说："总统！"全场观众哗然。

主持人感到很吃惊，然后问："那你说说看，为什么美国至今没有女总统？"女孩随口回答："因为男人不投她的票。"全场发出了一片笑声。

主持人："你肯定是因为男人不投她的票吗？"女孩不屑地说："当然肯定。"

主持人意味深长地笑笑，对全场观众说："投她票的男人请举手。"伴随着笑声，有不少男人举手了。

主持人得意地说："你看，有不少男人投你的票呀。"女孩不为所动，淡淡地说："还不到三分之一。"

主持人做出不相信的样子，对观众说："请在场的所有男人把手举起来。"言下之意，不举手的就不是男人，哪个男人"敢"不举手。

在哄堂大笑中，男人的手一片林立。女孩露出了一丝轻蔑的笑意："他们不诚实，他们心里并不愿投我的票。"许多人目瞪口呆。然后，是一片掌声，一片惊叹……

这是一个典型的独立思考的事例！女孩在没有任何人提示或帮助的情况下，凭借自己的判断和思考，对主持人的提问做出从容的作答。这种独立思考的能力正是我们的许多孩子所欠缺的。

人的思考能力是自己唯一能完全控制的东西，没有正确的思考就不会有正确的行动。事实告诉我们，那些成大事者都养成了勤于思考的习惯，善于发现问题、解决问题。可以说，任何一个有意义的构想和计划都是出自思考，所以培养孩子的独立思考能力是每一位家长必须牢牢把握的家教关键，是诸多教子课题的"重中之重"。

孩子能否成才，最关键的在于从小能否进行有效的思考能力的锻炼。思考习惯的养成对于孩子以后思维方式的形成及知识的积累都有很重要的作用。现在，越来越多的家长都已经意识到了让孩子学会思考的重要性，那么如何让孩子学会思考呢？

1. 让孩子学会独立思考

孩子有判断、有思考能力是思维发展的一个重要特征。生活中经常会看到一些孩子说："妈妈，我不知道怎么说""妈妈，你说怎么办吧！""爸爸，你去替我做……"这些孩子在遇到困难时本能的想法就是请家长帮忙，帮助他们做思考，帮助他们做选择、判断。

针对不同的孩子，家长可以利用生活中发生的具体问题，提供机会让孩子自己思考，自己面对问题，并想出解决问题的方法。

2. 鼓励孩子发表自己的意见

孩子在任何情况下都应当被允许表达意见，不仅是谈可接受的、安全的话题，而且要允许讨论、争论。这对孩子思考能力的发展是至关重要的。

生活中，有些孩子往往不敢发表自己的意见，家长要鼓励孩子敢于发表自己的看法。在孩子发表自己的意见时，即使孩子说错了也不要责怪孩子，要从另一个角度肯定孩子，然后给予孩子正确解决问题的提示。

对孩子的正确意见要先肯定、表扬，提高孩子发表意见的信心。孩子受到了鼓励，以后就会积极主动地去进行思考了，这样也就达到了家长培养孩子思维能力的目的。

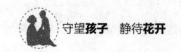

3. 保护孩子的好奇心

好奇心是孩子的天性，是孩子求知欲望的反映，也是孩子智慧火花的迸发，孩子的学习兴趣往往是和好奇心联系在一起的。

独立思考能力强的孩子往往具有较强的好奇心。家长要尊重孩子的好奇心，千万不要因为孩子提的问题过于幼稚而加以嘲笑，以免伤害孩子的自尊心。

保护孩子的好奇心是引导孩子学会思考的基础，好奇心是促使孩子去探索和思考的动力。作为家长，不仅要尊重、保护和正确引导孩子的好奇心，还要努力激发他的好奇心，使孩子幼稚的好奇心发展为强烈的求知欲；对孩子提出的问题，要确切、通俗易懂、有条理地给以答复，使孩子强烈的求知欲和好奇心不至于泯灭，从小养成勤于思考的好习惯。

4. 给孩子创造思考的情境

为孩子创造一个思考的情景，保持家庭成员之间的和睦相处，平等生活，遇事互相探讨，共同商量，让孩子在平等的气氛中长大，没有拘束和压力，才能有开放的思维、愉悦的心境，孩子才会不时闪烁出创造的思维之光。

比如可以与孩子一起逛博物馆、动物园、科技馆，和孩子一起阅读或看电视，然后问孩子看到了什么，听到了什么。

在与孩子相处和交谈中，家长要经常以商量的口气进行讨论式的协商，留给孩子自己思考的余地，给孩子提出自己想法的机会。同时，家长可以根据交谈内容经常发问，如"这两者有什么关系""你觉得怎么做会更好""你的想法有什么根据"等，引起孩子的思考。

5. 引导孩子思考，自己找到答案

让孩子学会思考是家长的责任。每个孩子都有一定的独立思考的能力，当孩子向家长求助时，家长首先要鼓励孩子认真思考一下。如果孩子

真的想不出来的时候，家长要一步步进行提示，引导孩子思考；提示后，家长要给孩子足够的思考时间，不要因为孩子思考较慢就不耐烦地否定孩子的答题能力，马上将答案告诉孩子；如果孩子回答错了，可以用一些提高性的问题帮助他们思考，启发他们自己去发现错误、纠正错误。

孩子的交际能力不是"闹"出来的

心理学家普遍认为：**人际关系代表着人的心理适应水平、是心理健康的一个重要标志**，而人际交往不良常常是心理疾病的主要原因。缺少正常人际交往的孩子，往往会表现出如下适应困难：拘谨胆小、害羞怕生、孤僻退缩，或自我中心、不能合作、任性攻击。而人际交往中的尊重、分享、合作、关心是预防和治疗这类心理问题的灵丹妙药。

从小培养幼儿具有良好的人际交往能力和水平，对促进其心理健康发展，预防各种心理疾病有着积极而重要的意义。一天，一位一家长向我抱怨说：

我女儿平常在家时行为举止正常，只是一见陌生人就胆怯退缩，不敢说话，躲在角落里。在学校里，她从来不主动与同学说话，也不与同学玩。上课不敢举手发言，老师叫她回答问题时，说话声音像蚊子一样。下课从不出教室，一个人缩在角落里不敢动。

上个星期，女儿因其他原因受到了老师的批评，这本来是很平常的

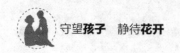

事，但她变得很不情愿到校上学了，学习成绩也在不断下降。我真不知该如何才好。

美国心理学家卡耐基认为：一个人的成功30%靠才能，70%靠人际关系。人际交往能力是一种驾驭生活、完善自我的能力。在竞争日益激烈的今天，如何让孩子走出孤独，学会交往，应是家长需要解读的课题。

孩子为什么不喜欢交际呢？其实一个重要的原因就在于，如今独生子女的比例越来越大，他们没有兄弟姐妹可以交流，大多数时间是在单元房里孤独地面对电视机、电脑、游戏机，与同伴交流合作的机会非常少，孩子缺少室外活动和社会交往的机会，天真活泼的童心受到了抑制，形成了"自我中心""自私""孤僻"的性格特征。

人是无法离群索居的。每个人每天都需要从他人那里获得信息，学习他人的经验和智能，沟通协调，合作完成工作，所以培养孩子的人际交往能力是十分必要的。那么，如何锻炼孩子们的交际能力呢？家长不妨从以下几个方面入手：

1. 给孩子提供接触人的机会

首先，可以带领孩子或单独安排孩子去亲戚、朋友或邻居家串门、做客，使孩子尽量多地结识一些朋友，包括异性小朋友、成人及老人等。让孩子在广泛交往中，结交众多形形色色的朋友，学到更多的知识，增加主动结交的胆量，如此孩子的性格才会变得更为开朗、活泼、大方、合群，并逐步养成文明礼貌、谦虚与尊重朋友的良好品德。

其次，要鼓励孩子多参加活动。可以带领孩子去旅游、探险、参加夏令营等，争取让孩子多参观展览、观看演出、参加游戏竞答、竞猜、演讲或上台表演节目等活动，让孩子从中接触到尽可能多的陌生人，在观察世界时锻炼交际能力，开阔眼界，丰富自己的生活经验。

2. 故意让孩子单独出面

凡是让孩子单独上阵的机会都可锻炼孩子的胆量，使他们敢于在任何时候表现自己的才华，与别人相处不羞涩，因此可以鼓励孩子单独出面去做一些事情。

与家长一起去做某件事的时候，孩子是附属，充当的是"配角"的角色，不用应付，也没有压力，因为此刻交际的主角是家长。如果让孩子自己去，孩子成了主角，与对方的一切接触都得由自己来应酬，可以促使其考虑如何交际。

比如让孩子一个人到小朋友或邻居家去串门，到亲戚家去做客等；再如，孩子出远门时大人不陪送，安排孩子送封信、打个电话，让孩子独自在家招待客人等；如果家里来了客人，可以让孩子去接待，特别是与孩子年龄相仿的客人，家长千万不要包办代替。

3. 培养孩子的说话能力

口语是社会生活的入场券，交际能力的核心是说话能力，不会说，或者说不好，怎么与人交际？会说，说得巧，答得妙，交际成功的可能性自然就大。如何提高孩子的说话能力呢？

家长可以设计一些模棱两可的辩论题与孩子进行辩论；也可以故意提出一些不正确或片面的观点，让孩子据理反驳；对孩子平时话语中的差错，家长得做必要的纠正，及时帮助孩子提高认识。平时如果有可能，应鼓励孩子参加演讲比赛，鼓励孩子上课或开会时积极发言。

4. 带着孩子出去走走

出门旅游是一种开放性的活动，交际也是开放性的，两者是相通的。可以利用节假日与孩子一起走出家门，到大自然中去，到感觉一新的地方去，让孩子感受新的环境。

在旅游中，如果家长有意识地带孩子去买车票、联系住宿、购买游园

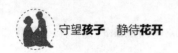

门票，孩子就可以直接接触到一些新的对象，了解新的交际内容。通过与陌生人打交道，可以增强孩子的交往能力，提高孩子在新环境的应变心理素质。旅游结束了，孩子的见识广了，与外人的谈资多了，还能给以后的交际增加不少的话题。

孩子的领导能力不是"训"出来的

如今，对于孩子领导能力的培养家长都很重视，可是如何培养孩子的领导能力呢？教训孩子可以吗？当然不行！领导力要从小慢慢培养。

美国孩子的领导能力在全世界是非常知名的，主要原因就在于美国家长从小就注重培养孩子的领导能力，如参加各种演讲、演出，孩子自己组织活动、比赛等。

一天，一群小女孩到山里野餐，结果走错了路，在潮湿与饥饿中度过恐怖的一夜之后，很多女孩都无望地失声痛哭起来。一个女孩甚至还绝望地说："这么偏僻的地方，人们永远也找不到我们！我们会死在这儿。"

这时候，11岁的伊芙蕾·汤站了出来，看看大家，坚定地说："我不想死！我爸爸说过，只要沿着小溪走，小溪会把你带到一条稍大点的小河，最终你一定会找到一个小市镇。我打算沿着小溪走，如果愿意，你们可以跟着我走。"

结果，这帮女孩就在伊芙蕾·汤的带领下，胜利地穿出了森林，迎来了救护人。

人们也许会认为，像伊芙蕾·汤这样的孩子生来就是领袖的材料，而其他人命中注定是随从。但事实证明，领袖并非是天生的，而是后天造就的，这取决于家长怎样去引导孩子。

领导能力的培养和语言一样，不可能通过突击达到很好的效果，从少儿阶段培养"未来领导力"，看似太大，实则对孩子一生的影响非常重大。孩子在教室及课余活动中所表现的领导才能，比智力或学业成绩更能准确地预测他们未来的成就。因此，家长要有意识地在孩子小的时候就培养他们的领导能力。

具有一定的组织和领导才能的人往往是自信、尊重他人、具有坚强意志和独立思考能力的人。因此，如果想培养孩子这方面的能力，家长不妨遵循以下一些简单的规则：

1. 给孩子适当的鼓励

孩子由于年龄小，自信的建立往往需要成人适时适当的鼓励，因此，哪怕仅仅是一个小小的成功，比如孩子学步时摇摇晃晃地迈出一小步时，你都应大声地喝彩。当孩子面临困难时，家长能给他的最有效的帮助是告诉他："我知道，你能行！"

2. 放手让孩子去探索

孩子对世界充满了好奇，什么都想尝试一下，但这种探索的欲望常常被家长无意中扼杀了，比如孩子一拿起剪刀，妈妈立刻大喊："不许动，危险！"孩子在外面跑，不小心摔了一跤，妈妈便不准他一个人出去玩等。这些做法只能使孩子变得越来越胆小，越来越循规蹈矩，而这样的人在同伴中是没有号召力的。正确的做法是教会孩子一些基本的技巧，然后放开你的手。

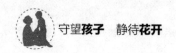

3. 引导孩子多思考

生活中，孩子会遇到许多一时解决不了的问题，当他向你求援时不要急于动手帮他，而应该鼓励他再试试。最好让他们通过自己的努力，独立将问题解决掉。

4. 为孩子提供一些机会

任何一种能力的培养都有一个循序渐进的过程，如果开始时孩子缺乏组织同伴的勇气，家长不妨先让孩子在家里扮演一些组织者的角色，比如负责全家假日外出游玩的具体日程安排，组织一些小型的家庭娱乐活动等。

5. 教导孩子要有责任心

只有具有很强的责任心，勇于承担后果，才可能成为一名合格的领导者。因此，要想使孩子具备一定的组织能力，责任心的培养是必不可少的。

事情无论大小，家长都应该让孩子做到有始有终。如果孩子对某事提出承诺，家长必须要求他言而有信；如果孩子犯了错或闯了祸，家长先不要急着为他遮风挡雨，一定要先让孩子自己出面解决。

6. 支持孩子担任职务

有的家长出于各种各样的考虑，比如怕孩子影响学习、怕得罪人等，往往不支持孩子担任职务。殊不知，在班里担任一定的职务，不但可以培养孩子为他人服务的意识，还可以锻炼孩子的组织能力，不仅可以培养高度的责任心，还可以在同伴中树立威信，使孩子增强自信心，一举多得。

第九章
Chapter 9

心理健康教育
理应润物细无声

心理卫生培养不是轻而易举的

停下来，让孩子多欣赏沿途的风景

多体会，让孩子感受亲情的温馨

想一想，鼓励孩子抵抗失败的苦难

笑一笑，教孩子体验生活的美好

动一动，启发孩子感受身体的灵动

心理卫生培养不是轻而易举的

在孩子的成长过程中，保持心理的健康非常重要。

李梅是一个听话的女孩，从小到大都是班里品学兼优的学生。老师一直很重视她，希望她能为校争光。她自己也是信心百倍，对自己要求十分严格，学习认真，成绩一直名列前茅。李梅的内心世界也很丰富，足足记了四本日记，写下自己的情怀。

进入高中后，学校很重视李梅，让她担任了班委和团委干部。开始的时候，李梅的学习成绩不错，被同学们誉为女生中的"四大金刚"。可是李梅渐渐感到，自己在其他同学中的位置不像以前那样突出，而且她还发现，一些学习不如她的同学在其他方面要远远超过她；在宿舍里，一些同学谈天说地，她却插不上嘴。

李梅的心里开始有某种失落感，并感受到一种莫名其妙的威胁。高一上学期期末考试，一位女同学的总分高出她一分，她感到心里很不是滋味。李梅觉得学习没劲，书看不下去，行动也变得懒散起来。

高一下学期开学后，李梅就十分注意那位女同学，并且爱学她，她干什么，自己就学什么；因此，上课的时候，李梅的注意力经常会不集中、思维停顿，总是不由自主地注视那位同学；之后，李梅还出现了失眠的症状，她不想在学校住宿，怕见宿舍的床、课桌等，更不敢提那位女生的名字。

李梅对自己失去了信心，十分想念过去，总想找回以前自信又优越的感觉，但又觉得再也不可能了。她总是想大哭一场，但又不敢。回到家里，李梅也不能安心学习，总坐在书桌前发呆或莫名其妙地流泪。

不难看出，在李梅进入高中后在同学中的地位改变是主要原因，在自己成绩一直备受关注的情况下不能正确应对，才导致该症状出现，属于学校适应不良综合征。

如今，社会上强烈的竞争意识也在无形中使孩子受到了严重的影响。就业压力带来升学压力，而升学又是通过考试决定的。由于教育资源不平衡，上好的高中、好的大学，才有机会为以后的就业预先拿到一张好的通行证。这样的链条过早地波及中学乃至小学的考试，孩子自小过早地承受社会竞争的压力，而压力过重则会影响孩子的心理健康。因此，让孩子具备健康的心理也成了家长的一项重要任务。

培养孩子健康心理，需要注意哪些呢?

◇不要过分关心孩子

过分关心孩子，容易使孩子过度以自我为中心，结果成为自高自大的人。因此，要想培养心理健康的孩子，就不要太过关心他们。

◇不要贿赂孩子

为了让孩子听自己的话，有些家长会给孩子一些小恩小惠，比如：如果你能按时睡觉，就给你买根棒棒糖。这样做对孩子良好心理的培养是非常不利的，要让孩子从小知道权利与义务的关系，要告诉他们：不尽义务不能享受权利。

◇不要太亲近孩子

和孩子太过亲近，会加强孩子对你的依赖，这对于提高孩子的独立性是无益的！要鼓励孩子与同年龄人一起生活、学习、玩耍，如此才能学会与人相处的方法。

◇不要勉强孩子做一些不能胜任的事情

孩子的自信心多半是由成功慢慢培养起来的，强迫他们做力所不及的事情，只会打击他们的自信心。因此，在培养孩子健康心理的过程中，不要勉强孩子去做一些自己无法办到的事情，以免打击了他们的自信心。

◇不要对孩子太严厉、苛求甚至打骂

对孩子太严或者打骂，只会使孩子形成自卑、胆怯、逃避等不健康心理，或导致反抗、残暴、说谎、离家出走等异常行为。

◇不要欺骗和无谓地恐吓孩子

吓唬孩子会丧失家长在孩子心目中的权威性，对以后的一切告诫孩子就不会服从了。因此，在和孩子相处的过程中最好不要欺骗和无谓地恐吓孩子。

◇不要在小伙伴面前当众批评或嘲笑孩子

当面批评和嘲笑孩子会造成孩子怀恨和害羞的心理，大大损害孩子的自尊心。

◇不要过分夸奖孩子

孩子做事取得了成绩，略表赞许即可，过分夸奖会使孩子沾染沽名钓誉的不良心理。另外，赞许必须针对具体的事，让孩子知道自己优点的同时感到你的赞许是真诚的，而不是虚伪的。

◇不要对孩子喜怒无常

家长对待孩子时，如果自己的情绪总是不稳定，喜怒无常，孩子会感到无所适从，变得敏感多疑，情绪不稳，胆小畏缩。

◇不要在孩子面临困境时不闻不问

要帮助孩子对目前的困境进行分析，教孩子学会分析问题、解决问题的方法。

停下来，让孩子多欣赏沿途的风景

如果希望孩子能在学习中找到乐趣，就必须重视休息，学会正确休息；当孩子行走累了的时候，就要让他们停一停，欣赏一下沿途的风景。**童年短暂而美好，在培养孩子的过程中，作为家长，要让孩子学会休息。**

这里有一个关于两个伐木工的故事：

有两个技术熟练、体格强壮的伐木工人，要进行一场比赛，看谁一天砍的木头最多。

天刚一破晓，两人就开始干活了，他们不慌不忙地砍倒一棵又一棵的大树。因为两人干活上劲，都一身大汗，速度也相差无几。

第一个伐木工人时不时地扫一眼第二个人，第二个人靠在一棵树休息时，他会继续努力砍树。他一整天连续不断地拼尽所有力气干活，一次也不休息。而第二个人在一整天中，总是有规律地休息着。

这天，比赛结束。第一个人满以为他会比第二个人砍的木材多，可是让他大为惊讶和沮丧的是，第二个人的木材堆远远大于他的那堆。他问竞争对手："砍更多木材的秘诀是什么？树下休息时你在做什么？"竞争对手回答说："每一次休息期间，我都在磨利我的斧头。"

这个故事极富教育意义，它总是提醒我们：如果只用同样的方式做事，不反思如何才能做得更好更有效，不停下来"磨利我们的斧头"，你可能要花更大的精力和时间做一个比较厉害的人。所以，在教育孩子的过程中，家长不仅要给自己空间，还要给孩子空间，让他们不断成长、休息。

资料显示，成绩优秀的学生在休息的时间里总是玩得最投入、最痛快，一旦到了学习的时候他们总能专心致志，任何其他的事情都无法使他们分心。实践证明，青少年的注意力一般能保持40分钟，超过这个限度，注意力就会下降，学习效率也会随之渐渐降低。所以，为了让孩子的学习更有效率，最好以40分钟为一个时间段，让孩子休息一会儿，调整一下情绪。这是保持注意力的最好方法。

不可否认，当我们工作劳累之后，好好休息一下，才会感觉轻松一些。孩子也是一样，他也有学累的候，也需要放松。如果此时，还逼迫他继续读书，只能说你并没有设身处地地去感受他的需要。如果孩子已经筋疲力尽了，家长就不要让他继续"透支"精力和体力了，应该对孩子说："别太累了，休息一下吧！"

1. 登高望远

研究发现，三度空间的方向感比二度空间的方向感有用得多。不论领着孩子到哪座大楼，都一定要让他登上顶楼，从窗户向下俯视，查看熟悉的地方和所面对的方向。聪明的家长宁可让孩子放弃一整天的地面游览，也要让孩子置身空中俯视万物。

当然，也可以与孩子乘坐透明玻璃电梯观光。四面都透明，可以使孩子从繁重的学习之中抽出身来，放松身心。

2. 走进大自然

带着孩子到户外慢跑远远比在健身房里练有氧体操有益得多，户外运动有助于青少年认识周围的环境，有助于训练他们的智力与判断力，这些效果是室内运动无法达到的。

3. 走路和散步

当孩子读不下去的时候，可以让孩子离开座位一段时间，外出散步什么的。走路的时候，全身的肌肉会得到放松，也会有较舒服的感觉，这种感觉有助于记忆。

要让孩子学会劳逸结合，提高学习效率，轻松扎实地记住所学的知识，这样有利于孩子的身心健康发展。在休息的时候，要让孩子多观察大自然的事物，鼓励他们用一种轻松的状态，思考和开发自己对书本以外的认知和发现感悟能力。

4. 知识活学活用

在书本上学到的知识和在社会实践中发现的问题，要让孩子学会做到对比区分。这样，孩子不但能把书本上的内容真正地消化，理解得更加全面透彻，把未知的答案留到自己下一阶段的学习中去，还能更加有效地调动孩子学习的积极性。

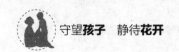 多体会，让孩子感受亲情的温馨

我的咨询室里曾经来过这样一位家长：

我儿子上小学的时候跟我总有说不完的话，比如：今天班里发生了什么事，老师批评了哪个同学，今天上课谁又迟到了，哪位老师又表扬了谁。可是，自从上了初中后，话慢慢变得少了，原先经常说的话题都不说了，有时候问他，他还显得很烦躁。回家后，除了吃饭、做作业、睡觉外，很少听他谈及他和学校的事。我感到很着急，不知道如何去打开孩子封闭的心。

在我们身边，很多家长都会遇到类似的问题。

有的家长说，孩子大了特别是到了青春期，容易逆反，其实不然。俗话说得好"冰冻三尺非一日之寒"，孩子逆反心理的出现也不是一天两天就形成的。其实，如果孩子出现了亲情淡漠的表现，对家长爱理不理，对家长的苦口婆心无动于衷，正是孩子逆反的前兆，也正是给各位家长提了

个醒：亲子之间的关系需要改变和维护了。

这时，如果处理得当，就能有效避免许多不必要的麻烦出现，孩子也不至于逆反；同时，还能为孩子的健康快乐成长奠定一个牢固的基础。由此可见，让孩子感受亲情的温暖有多重要。

孩子亲情淡漠是一个心理现象，也是孩子教育过程中很突出的一个问题。大多数家长给孩子提供了丰富的物质条件，关注他们的身体发育，而对于孩子的心理关注很少甚至不关注。我认为，只有家长先做到，孩子在耳濡目染、潜移默化中才会逐步感受到亲情的可贵。

1. 做孩子的朋友

在孩子的成长过程中，家长扮演的都是最重要的他人。当孩子对家长出现爱理不理的情况时，家长就要考虑是不是该换一种对待孩子的方式了，不是一味说教式的严厉形象，而是成为孩子的朋友，像朋友一般与他沟通交流。

如今，家长与孩子聊得最多的便是有关课业的话题。孩子进步了，家长自然高兴；孩子一旦退步，家长就会不满意，一些矛盾也就慢慢滋生了。作为家长，何不改变一下自己督学者的形象，成为孩子的朋友呢？

平时，孩子在学校学习已经相当辛苦了，回到家聊天的时候，家长完全可以趁此机会多了解一下孩子平时的喜好、喜欢玩的游戏、喜欢看的课外书、喜欢听的歌……当家长这样与孩子聊天的时候，他会觉得轻松、亲切，觉得家长与自己如朋友一般，如此一来，家庭氛围也会和谐温暖很多，孩子就会在无形中感受到家长的关爱与鼓励。

2. 向孩子打开心扉

如果孩子内向，家长也该反思一下，会不会是因为家长在孩子面前就很少表露自己的感情，孩子的感情也就慢慢变得内敛了？家长可以在孩子面前适当表达自己的情感，让孩子觉得开心温暖；同时，也可以带孩子多

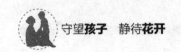

参加家庭和朋友的聚会，让孩子多接触生人，多表现自己。

3. 多点时间陪伴孩子

多跟孩子在一起，多跟孩子交流与沟通，多让孩子体验亲情，享受亲情，既有利于两代人感情的培养，更有助于孩子的健康成长。不管多忙，家长都要尽量减少一些应酬，要多抽出点时间陪陪孩子。在节假日的时候，可以带着孩子一起去旅游，共享天伦。

4. 营造温暖的家庭氛围

家是维系感情最重要的纽带，家长一定要为孩子营造一个温馨的家庭氛围。首先，夫妻要和睦相处，特别要注意的是不要在孩子面前吵架。其次，不要在孩子面前端家长架子。在这样的家庭氛围中，孩子自然可以感受到亲情的可贵。

想一想，鼓励孩子抵抗失败的苦难

近几年，学生因高考失利而自杀或者孩子因与家长吵架而离家出走等新闻繁见报端。一次次悲剧的重演让我们不得不反思，教孩子如何面对失败和调整心态的挫折教育有多么重要。

案例一：

2013年6月23日上午，得知自己高考成绩20分钟后，强强（化名）背着书包抱着一箱纸鹤，从学校一栋教学楼的4楼跳下，抢救无效死亡。

案例二：

高考标准答案揭晓当晚，李新（化名）默默地离家出走。几天后，家人接到警方电话，他在郊区投河自杀，身上还带着高考准考证。

当看到这一起起考生自杀事件后，在为年轻生命的早逝惋惜的同时，人们也不禁陷入深思。按说这些参加高考的考生，都已经是成年人了。无论是想问题还是办事情，都应该稳重、成熟许多了。可为什么当得知自己的高考成绩不尽如人意时，还会做出这种傻事呢？

从儿童心理学的角度来讲，孩子"输不起"是一种正常现象。无论什么事情，孩子总是希望自己能做到更好、比别人强，获得周围人的认可。可是，因为年龄小，各方面都不成熟，他并不了解自己的强项和弱项，在人前或是在集体活动中，一旦输于人时，就会不高兴。

培养孩子承受挫败的容忍力，让孩子拥有一份"输得起"的精神，有助于提升孩子的"抗逆力"，使他日后在遇到挫折时不容易跌倒，能以正面、乐观的心态战胜困难。那么，如何教育孩子正确面对失败的苦难呢？

1. 多肯定、鼓励孩子

当孩子遇到挫折时，家长应当及时去关心和鼓励孩子，给孩子安慰、鼓励和必要的帮助，使孩子不会感到孤独无助。这时，家长要尽量避免消极否定的评价，如"不要再试了，再试也没有用的""做不好就别做了""怎么这样笨，别人早就做完了"等。

这种话只会强化孩子的不自信和失败感，家长可以采用一些积极肯定的评价，比如："虽然你没有成功，但我要表扬你，因为你有勇气去试试就很好。""你一定要相信自己，爸爸妈妈相信你能行。"这样做会使孩子意识到自己的努力是受到肯定和赞扬的，自己完全不必害怕失败，从而慢慢学会承受和应付各种困难挫折。

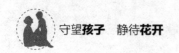
2. 让孩子正确对待困难

作为孩子，对周围的人和事物的态度常常是不稳定的，易受情绪等因素的影响，在碰到困难和失败时他们往往会产生消极情绪，不能以正确的态度对待失败和挫折，这时家长要及时告诉孩子："失败并不可怕，你只要勇敢，一定能做好的""从失败中吸取教训，看一看下次怎样做"。

家长要有意识地将孩子的失败作为教育的契机，引导孩子重新鼓起勇气大胆自信地再次尝试；同时要教育孩子敢于面对困难和挫折，提高克服困难和抗挫折的能力。

3. 给孩子提供锻炼的机会

家长要提高认识，改变原来的教养态度，让孩子走出大人的"保护圈"，放开手脚。不要怕孩子摔着、碰着、饿着、累着，孩子摔倒了可以鼓励他自己爬起来；如果孩子挑食、偏食、厌食，饿他一两顿又何妨？

孩子的事情要让他自己做，自己能解决的问题家长不要去帮忙，例如，要玩具自己去拿，衣服、裤子自己穿；同时，在家庭生活中要安排孩子做一些力所能及的事，切不可把孩子成长过程中的困难都解决掉，更不能将他们前进的障碍清除得干干净净。

4. 让孩子适当受一点批评

有的家长总怕孩子受委屈，即使孩子做错事也不说孩子的不是，久而久之，使孩子养成了只听得进赞扬的话，而不能接受批评的坏习惯。

家长要让孩子认识到：每个人都有缺点，这些缺点自己不知道，但别人很容易发现，只有当别人批评时，自己才知道错在哪里；别人指出自己的缺点并非讨厌自己，而是在帮助、爱护自己。要让孩子懂得：有了缺点并不可怕，改正了就是好孩子。

5. 让孩子经受一点失败

有的家长不愿看到孩子失败，下棋、玩扑克、游戏、竞赛时总是想尽办法让孩子赢，这样做对孩子的成长没有好处。作为家长，有时让孩子体验一点失败的滋味未尝不是好事，可以借机培养孩子克服困难的勇气。

6. 挫折教育要因人而异

同一挫折对不同的孩子产生的心理反应是不同的，因此，家长要区别对待。

如果孩子的自尊心较强，好强、爱面子，遇到挫折容易产生沮丧心理，家长就不要过多地埋怨、批评，要点到为止，多加鼓励；如果孩子自卑，对自己的能力缺乏信心，家长就不要对他们过多指责，要多加安慰；家长要善于发现他们的长处，为他们创造成功的机会，增强其自信心。

🐞笑一笑，教孩子体验生活的美好

人生多磨难，惟有学会感受，懂得感受，才能真正理解人生的情趣与宝贵，才会因此更珍惜自己并珍惜这个世界。生活中，平淡的日子远远要多过那些惊心动魄、牵肠销魂的时刻。但欢乐是可以营造的，可以通过自己的努力去实现。

一天，在书上读到这样一则故事：

有一个很小的海岛，这个海岛小得"抽支烟就能转上它三圈半"。那儿四面都是海，小岛的书信靠几十天一班的运输船从大陆运来，小岛的粮食也靠运输船，连岛上吃用的淡水也得靠大陆运来。那里没有电视，没有

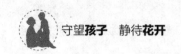

广播，十几个战士白天操练脸对脸，晚上睡觉头挨头。

一般人会认为，那里的生活一定平淡极了、乏味极了。可是，驻岛战士们却认为这样的生活是令人神往的：潮起潮落时，大海会出现不同的姿色；站上半夜岗与下半夜岗时，月光会变幻莫测；冬天里，这里会飞过各种候鸟；夏天，这里还会游过很多鱼群……只要一说起这些，战士们就会讲得津津有味、眉飞色舞。

这里还有一个"艺术展览"，那里全是战士们自己捡来的贝壳、敲来的珊瑚。他们用这些贝壳珊瑚组成了青松、苍鹰、花园、楼群，组成了北国山村、江南水乡，组成了军舰、飞机，也组成了思念中的父母、想象中的姑娘……

战士们一起站岗、巡逻、下海，一起感受着小岛生活中蕴藏的欢乐。

在极其艰苦的条件下，战士们感受到了人生最美妙的乐趣；在那荒寂的海岛上，战士们看到了生活最丰富的色彩。其实，生活中有许多的欢乐就在我们身边，只是我们没有发现；生活中有许多的欢乐我们感受不到，因为我们没有身临其境。

生活是美好的，每一天每一分每一秒，生活都在不断带给我们新的惊喜。成人有时候很容易忽略这些，忘记了生活的美好，这也是为什么我们经常不快乐的原因。对此，家长要设法让孩子感受到生活中的美好，这对于孩子的心理发展是具有极大意义的。

日常生活中，有很多事物、言行、关系可以激起人的美感需求，在引导孩子的过程中，家长要重视培养孩子对社会生活的美感能力。培养孩子美感的方法和途径是多种多样的，每位家长都可以摸索出一套适合自己孩子的方法和途径。怎样充分让孩子欣赏生活之美呢？

1. 教孩子发现美

美无处不在，但并非人人都能发现和欣赏它们，只有会发现美的人对美才会有更多体验，生活中才会有更多的欣喜。孩子的理解力和观察力有限，所以，在任何有美好事物的地方，家长都应及时指出，以引起孩子的注意。

比如，天上云彩的变化美吗？那两个在树荫下认真读书的孩子美吗？跳高运动员凌空一跳的动作美吗？在这种长期的指点下，孩子对美的感觉也会更灵敏。他们会逐渐知道：原来不只是盛开的鲜花美，衬托它们的绿叶也很美；不只是电视里的英雄人物美，生活中的许多平常人也是美的；不只艺术是美的，运动也是美的。

2. 创造优美的家庭环境

家庭环境不仅包括物质环境，还包括精神环境。带领孩子打扫卫生，进行居家布置，不仅可以让孩子美化环境，还可以让孩子美化自己。有条件的家庭可以用书画、花草来装点家庭，给孩子一个清新美丽的生活环境。

但是，要拥有一个美的家庭环境最重要的是家庭和睦、家长的仪表和言行美，因此家长本身应具有一定的审美情趣和修养。

3. 丰富家庭娱乐活动

健康愉快的娱乐活动可以陶冶孩子的情操，使孩子在娱乐中受到艺术感染。

有人认为，电视的发明给人们生活带来的最大不利是占用了全家人一起交流和娱乐的时间。的确，如果家长和孩子多在一起进行有益的活动如阅读、体育运动、欣赏音乐等，不仅可以使孩子领略到各种艺术美，也可以增进一家人的感情。

如今，很多孩子都是家里的独苗，没有兄弟姐妹一起玩，放学后也较少与同伴交往，所以家庭娱乐活动就显得尤为重要。对于低年级的孩子，游戏和玩具是他们生活中的一部分，家长不能忽略这一点，不能认为上学的主要任务是学习，孩子就不需要游戏了。

4. 培养孩子正确的审美观

告诉孩子：美不仅表现在外表上，更重要的是心灵美。打扮时髦，讲究名牌不是美，随地吐痰不讲公德也不是美，打扮朴素、整洁、大方、精神饱满、自自然然才是最美。

如果孩子要穿名牌，与同学攀比，打扮成人化，家长应耐心地跟他们讲清楚这不是真正的美，要努力培养孩子正确的审美观。

5. 塑造一颗美的心灵

家长不仅要引导孩子对外表美的认识，还要抓住孩子爱美、要美的心理，塑造孩子美的心灵，告诉他们讲文明、懂礼貌是美的；尊老爱幼、扶困济贫是美的；爱护树木、关注环保是美的……力求使自己的孩子做到仪表美、心灵美、语言美、行为美。

动一动，启发孩子感受身体的灵动

孩子长期"宅"在家里对生理和心理的成长都很不利，但如果家长强行要求孩子离开电视、电脑甚至采取打骂的方式，则可能会引起孩子的逆反心理，结果适得其反，正确的做法是让"宅童"自愿走出家门。

案例一：

浩浩今年12岁，从小就比同龄人胖。自放暑假以来，浩浩整天闷头在家看电视、打游戏，大门不出二门不迈。短短一个月，浩浩体重就从140斤增到160斤。

案例二：

张女士最近感到很苦恼，老公成了"宅男"，女儿成了"宅童"，这"宅"也能遗传吗？女儿每天早上写作业，下午看电视，几乎与世隔绝。

如今，"宅童"的数量越来越多，问及喜欢"宅"在家里的原因，孩子最常挂在嘴边的一句话是："不想出去，太累，太热，没意思。"说这话时，有些孩子坐在电脑旁，一脸兴奋地打着游戏；有的则手拿iPad，埋头看动画片。一间小卧室自成一个独立天地，隔住了孩子与家长、伙伴和外界的交流。

其实，这些"宅童"也渴望伙伴、渴望自由，但由于各种原因他们的生活被局限在了家中。他们无法在漫长的时间里合理安排自己的活动和学习，每天只能通过吃喝玩乐来打发时间；再加上家长对他们生理、心理需求的忽略，从而导致他们向虚拟的世界寻找感情寄托。

运动不仅能让孩子拥有健康体魄，也能让孩子更加阳光开朗。孩子不一定要成为专业运动员，但一定要让运动成为孩子的一种生活方式，让孩子学会过一种健康而高尚的生活。让"宅童"动起来，其实并不困难！

1. 家长先要动起来

身教胜于言教，要想让孩子动起来，家长必须先动起来，爱运动的家长是孩子最好的榜样，家长每天应坚持和孩子运动1小时。

运动项目要杂不要专，要抱着游戏的心态多玩一些花样，如轮滑、打篮球、跳绳、跑步等，选择孩子感兴趣的项目。不要勉强孩子做高难的运动，以免影响孩子对运动的热情和坚持。

2. 和孩子一起亲近大自然

接触大自然也是一种运动方式，假期里，带着孩子爬爬山、骑骑车、游游湖、逛逛公园等都是不错的选择，让孩子充分享受阳光与新鲜空气，这些亲近自然的运动不仅可以让孩子身心愉悦，也有助于孩子喜欢上户外活动。

3. 带孩子到户外大展身手

周末带孩子走出家门，在户外的广阔空间里孩子能尽情地跑跑跳跳、爬上爬下。如果家长能和孩子一起玩球、捉迷藏或做追逐跑的游戏，那就更好了。

4. 和孩子一起参加锻炼

家长说的话会影响孩子的说话方式，家长吃的东西也会影响他的饮食习惯，体育锻炼也一样。家长的休闲方式会深深地影响孩子未来的健康状况和运动习惯。所以，家长应该尽可能地步行去商场、图书馆或朋友家，而不是只有几步路远也要开车去。

在家里，家长在自己做瑜伽、练习舞蹈或跟着录像做健身操时，也可以让孩子和你一起练。全家一起外出，也应选择能让你们共同活动的地方，例如去游泳池游泳、在公园滑雪或放风筝等，不要总是类似坐车兜风这样静止不动的活动。

5. 叫上孩子的小伙伴一起玩

没有什么比和小伙伴一起锻炼更能激发孩子运动热情的了！出去玩的时候，可以叫上孩子的好朋友一起去，或者根据不同的天气情况带他们一起骑车、打雪仗。

假如你家的孩子能够每周定期和小朋友们聚会，一定要至少有一部分时间让孩子们一起追跑打闹、蹦蹦跳跳——当然，这些都要有大人监护。或者带孩子到小区的游戏场和其他孩子一起玩，这样不仅可以让孩子锻炼身体，家长也可以和其他家长聊天交流信息。

6. 让孩子报名参加活动兴趣班

虽然年龄还很小，但如果孩子能定期上一个游泳、体操或音乐健身操班，也会有很多收获。需要注意的是：活动班安排不要太满，在选择活动兴趣班的时候，应考虑孩子的性格脾气、日常生活习惯和社交需要。

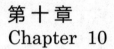

第十章
Chapter 10

寓教于乐
——培养孩子创造力

孩子爱"做梦"是一件好事
自由的空气带来更多的创造
寻找适合孩子的游戏
让孩子学会"玩"
把孩子交给大自然

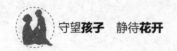

孩子爱"做梦"是一件好事

孩子天真的梦想，尽管是种初涉人世身心发育尚不完善的表现，但也正因为幼小的他们不会考虑现实社会的清规戒律，才拥有大胆的幻想和天真的探索，其中也隐藏着创造力和未来他们将成为什么样的人的意识萌芽。**在孩子成长的过程中，家长对其梦想持有怎样的态度，是能否正确引导的关键所在。**

尽管孩子的梦想在家长看来可能是稚嫩的、遥不可及的，或有悖于常理的，但千万不要制止，更不要以成人的价值观对孩子的梦想品头论足，否则孩子不仅会失去梦想，也会失去对你的信赖和尊重。

一天，我去参加一个家庭联谊会，几个家庭的大人和孩子一起联欢。休息的时候，有人问孩子们："你们长大了想做什么？"孩子七嘴八舌地说起来："我要当老师！""我想当法官！""我想当科学家！"……看到孩子有这般雄心壮志，家长们都很高兴。

这时，有个孩子大声说："我想当司机。"所有的人都愣住了，甚至有几个家长发出了唏嘘声："当司机干吗？累，还挣不到大钱……"

孩子的妈妈觉得很没面子，走过去对孩子说："你平时不是老说，长大后要开公司，当大老板的吗？"

孩子委屈地说："我就是想当司机。"

为了给那母子俩解围，我说："孩子想当司机就当啊，司机有什么不好的？那也是一份职业嘛。"大家也随声附和道。

等散场后，我对那个孩子说："为了你的理想，你要好好学习啊。"

孩子问我："阿姨，你真的觉得那也是理想吗？我妈妈一直都说我没出息。"说着，孩子不好意思地低下了头。

我拍了拍那个孩子的肩膀："怎么不是？当然是！"我发现，那个孩子的眼中闪过一丝光亮，那是被尊重的满足感。

不可否认，那位妈妈教育孩子的方式是有所偏颇的。梦想，怎么可以是你给孩子安排的呢？梦想一旦沾染上家长的主观意愿和情绪，那就不是孩子的了。不要觉得，任由孩子荒诞不羁的梦想发展极易换来一个不靠谱的将来。这个想法无疑太过极端，如果凡事都由你替孩子做决定，那孩子还如何成为自己？

孩子在每个年龄阶段都将不同程度地学会与现实社会所关联的规则。孩子对世界的态度以及自己的解释方式和行动方式，是天赋、环境交织的结果，他们会选择不会危及自身的探索方式，并将其固定为自己的理解及行动模式。只要家长不把正视其梦想理解成不管不顾、放任自流，孩子的价值观和行为就不会出什么大乱子。如果将成人的价值观全盘加诸孩子身上，不仅会让孩子失去童年的欢乐，而且他们成年后也会深受个性压抑之苦。

每个孩子的理想都是一枚饱满圆润的种子，恰当地鼓励、正确地引导、适度地培养，必将结出丰硕的成果。

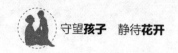

1. 鼓励孩子坚持自己的梦想

家庭教育中，家长一定要鼓励孩子坚持自己的梦想。

一天，玲玲在帮妈妈打扫卫生时说："妈妈，这种事情以后不要让我做了。等长大后，我当了作家，我请个保姆，这些事情都不用自己做了！"

可是，妈妈却说："当作家需要有生活体验。如果你连打扫卫生都不愿意，不想体验，你怎么可能写出让读者认同的作品呢？所谓'一屋不扫，何以扫天下？'今天你不愿意体验打扫卫生，以后你更不愿意体验普通人的生活了，这样你的思想永远脱离普通人，写出来的东西恐怕只有你自己能看得懂了。"

"妈妈，你说的还真有点道理。"玲玲若有所思。

妈妈和蔼地说："妈妈不是随口说说的，你可以去看看伟大作家的成长环境，他们都是从生活中获取源源不断的灵感。玲玲，妈妈希望你能够实现自己的梦想，但是，梦想需要一步一步去做才能实现。"

家长可以经常与孩子谈论自己的梦想，谈谈自己在实现梦想过程中遇到的困难及自己是如何去克服的。在这个过程中，家长可以把关于坚持梦想的一些道理自然地讲给孩子听。同时，讲讲伟人的故事及身边人的故事，也是非常有效的。

2. 让孩子将梦想说出来

把自己的梦想说出来，让全世界都知道，应该是一件很自然的事情。人是一种社会性动物，必须要接受周围人的审视与评价。在众人面前说出自己的梦想和目标，就会激励孩子更积极、更努力，以兑现自己所说的话。

为了激励孩子实现自己的梦想，可以把孩子要实现的梦想画成图，贴在孩子的房间和各种日用品上面，并尽可能多地告诉给身边的人。周围的人会不断关注和鼓励孩子实现"梦想"的热情，他们会成为孩子的支持者和监督者。与那些无人知晓的梦想相比，全世界都知道的梦想一定能更快、更完美地得以实现。

3. 呵护孩子的梦想

当有一天，孩子突然对你说他长大后要到别的星球上面去，要成为超级英雄、宇航员、特种兵或明星的时候，家长千万不要认为这是多么的不切实际和荒唐可笑，更不要报以嘲笑或者讽刺。

课堂上，比尔老师布置了一篇关于未来理想的作文。一个叫罗伯特的同学描绘了一个200亩的牧场以及在这个牧场里纵马奔驰的情况，并为自己的设想画了一幅牧场图。

比尔老师认为，他的理想不切实际，就给了他一个差的评价。可是，多年以后，罗伯特果真拥有了200亩的牧场。当年迈的比尔老师来参观时，他泪流满面。因为，他差一点就毁了一个孩子的梦想。

同罗伯特一样，几乎每个孩子都有自己的梦想，梦想是孩子对自己未来的美好设计。梦想对孩子来说，有着无穷的魅力，对孩子的成长具有巨大的牵引和激励作用。

梦想是孩子自我形象的理想化，家长鼓励孩子追梦，孩子会产生强劲的内驱力，面对各种困难也会主动想办法去克服。当孩子有了梦想，家长都应为他有了"理想的我"而感到欣慰和自豪，并给予肯定。如果家长对孩子的梦想坚信不疑，孩子就会从大人那里获得力量，获得勇气，树立信心，进而有可能让梦想成为现实。

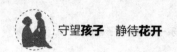

自由的空气带来更多的创造

任何心智健全的人都具有程度不等的创造潜力，这种潜力能不能被开发出来，关键在于教育。如果教育不得法，创造潜力就会被扼杀、被埋没。可是，孩子的创造力不是凭空而来的，而是通过其平时仔细观察周围事物，先在脑海里留下对事物深刻的印象，再经过自己的思维活动，然后进行多次实践而获得的。因此，培养孩子的创造力需要一个潜移默化的过程。

润鑫刚学会拿画笔的时候，就喜欢上了涂鸦。有一次，大姨来到他们家，看到润鑫正在画画。当时，润鑫画的是一个红色的圆圆的东西，大姨左看右看也没看出画的什么，于是问他："润鑫，你在画什么？"润鑫回答说："香蕉。"

大姨疑惑不解地问："这是香蕉？"润鑫点点头。这时候，润鑫妈走过来看了一眼，说："嗯，你画得不错。"说着，还摸了摸润鑫的头。大姨感到更疑惑了，说："你这不是在误导孩子吗？孩子用红颜色画香蕉，你怎么不去纠正呢？"

润泽妈诧异地看着大姐说："为什么要纠正？孩子有这样的想法，说明他有创造性思维啊！或许他以后真的可以培育出红色的香蕉。至于现实生活中的香蕉，他自己吃的时候自然就会明白它是什么颜色的了。"

孩子只有具备了一定的创新能力，才能发现事物的本质和内在联系，进而通过自己的分析和思考，带来新颖的、前所未有的新成果；如果孩子缺乏创造力，对周围的事物没有兴趣，就会缺乏好奇心和求知欲，这对孩子的成长都是非常不利的。

事实证明，**在培养孩子创造力方面，家庭教育比学校教育更有优势。**

家庭教育对培养孩子的创造性有独到之处。那么，应该怎样培养孩子的创造力呢？

1. 形成一个自由创造的心理气氛

孩子天生就有创造力，家长在精神方面要尊重孩子的自主性，让孩子有一定的独立性和自主性，让孩子能自由地想，大胆地发表自己的意见和评论，并做出自由的抉择。家长不应该让孩子屈从自己的意志，应处处使孩子感到进行创造的心理自由。

一般来说，孩子的行为方式、思维方式等往往与众不同，他们的独特思路、想法有时看起来可笑，但却能反映出他的创造力。不幸的是，有的家长硬要强求孩子顺从于他们的要求，给孩子设立了很多条条框框。孩子的创造力得不到赞扬和鼓励，有时还会遭到训斥，孩子只好处处顺从，不敢越雷池一步。

家长应该鼓励孩子把他的独特个性和创造性充分发挥出来，允许孩子按照自己的意愿去从事自己感兴趣的活动；不要以成人的标准要求孩子，不要过分强调孩子的顺从，更不要讽刺和挖苦孩子那些看上去可笑的想法

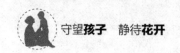

和举动。只有这样，孩子的创造力才能得到充分发挥。

2. 经常给孩子灌输创造意识

家长要鼓励孩子不拘泥别人的思路，不重复别人的答案，开动脑筋，独抒己见。尽管有些想法是可笑的，但却是他创造性的反映。例如，爱迪生小时候看到母鸡孵小鸡，就钻到鸡窝去孵小鸡。这种举动在成人看来是荒诞的，其实背后正蕴藏着创造力火花。

3. 发展孩子的创造性思维

为了发展孩子的创造性思维，家长可以向孩子提出各种有启发性的问题，引导孩子积极思考，从多个角度解决问题。例如，让孩子谈物品的用途时，说得越多越好，而且要鼓励他说出使用这些物品的新方法。

4. 给孩子提供实践的机会

家长要给孩子提供自由创造的场所、玩具和各种材料，给孩子安排进行创造和探索的时间。如果条件允许，还可以为自己的孩子安排"工作角"、开辟"实验田"，鼓励并指导孩子进行探索，发展求知欲，培养创造精神。

创造发明是一项艰苦的劳动，没有百折不挠的精神是难以成功的。因此，要培养孩子的创造力，就要先培养他知难而进、顽强探索的精神，只有有了这种精神，才能从事创造性的劳动，才能取得成功。家长要多鼓励、多支持孩子，即使孩子做事虎头蛇尾、知难而退，家长也应该理解、宽容，并进行有益地指导。否则，孩子的创造性和积极性都会被扼杀。

寻找适合孩子的游戏

　　怎样培养孩子的创造力、让孩子健康聪明地成长是家长最关心的问题。其实，通过游戏，更容易开发孩子的智力和情商，激发孩子的创造力与潜能。游戏不仅可以玩出开心和健康，还能玩出创造力。家长应该多给孩子一些鼓励，不要束缚孩子爱玩的天性，否则可能会扼杀未来的天才。

　　当然，在鼓励孩子玩游戏的时候要注意一点，就是要帮孩子找一些适合孩子玩的游戏，要鼓励孩子多玩适合自己年龄的游戏。

　　周末，李明和小菲父女与润哲父子到海边玩。到了海边，爸爸们聊天，孩子们则在一边玩耍。可是，小菲很快就跑回了大人的身边，理由是她不愿意和润哲玩。李明问她为什么？她说："润哲老拿着水枪滋我！"

　　是啊！小男孩和小女孩喜欢的游戏是不同的。于是，爸爸们提议说："咱们玩盖房子吧！用海边的沙子，你们父女俩一组，我们父子俩一组，比比看哪一组建的好！"

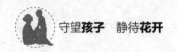

两个孩子都同意了，于是开心地玩了起来。

通常情况下，小男孩和小女孩喜欢的游戏是不同的，同样不同年龄的孩子喜欢的游戏也是不一样的。因此，在孩子玩游戏的时候要引导他们选择适合自己的游戏。如果选择了不适合孩子的游戏，一则无法提起孩子的兴趣，二则还会给孩子带来危险。因此，鼓励孩子玩适合自己性别和年龄的游戏是非常必要的。

游戏也是一种学习，是孩子获取经验、发展智能的妙方，因此，在培养孩子创造力的过程中，积极寻找适合孩子的游戏是很重要的。

1. 知觉游戏

"知觉"是一种将透过感官所获得的资料，再经过分析与解释的能力；知觉包括眼睛、鼻子、舌头、身体等感觉作用。家长可以让孩子分辨不同形状的物品，用触摸猜东西、尝尝各种调味品、玩配对游戏、辨认方向及方位，让孩子观赏及指认有背景的图片等活动。

2. 扮演游戏

让孩子玩"扮家家酒"，鼓励他应用想象力自由扮演所喜欢的"角色"。在这个过程中，家长可以提供一些线索，如：给他一架飞机，假想他在空中飞行遭遇哪些飞鸟；给他一些医生的玩具，让他扮演医生看病的情形……

3. 接龙游戏

许多游戏可以用"接龙"的方式，如文字接龙：上班→班长→长大……或绘画接龙：就是选定一个主题让大家接力画；数字接龙：1→3→5……故事接龙：从前有一个猎人……

4. 躲藏游戏

另外，跟孩子玩"躲猫猫"的游戏，对于创造力的培养也是有好处的。

具体来说，把物品藏在家中一角，让孩子来找；在图案中藏着一些物品、数字等，让孩子找出来；带孩子到郊外，和孩子一起玩"大地寻宝"的活动；或在报纸上找出自己需要的"形容词"或"物品"等活动。

5. 绘画游戏

孩子的绘画兴趣一般都很浓厚，他们会通过画画将自己未能以言语形容的感受、情绪表达出来。家长可以和孩子一起画，用各种不同的材料画在纸上、布上、板上……让孩子享受自由创作的喜悦。

让孩子学会"玩"

当孩子还处于胚胎期时，大脑基因就已经被植入了"玩"的程序，**孩子真正的学习是先在"玩"中实现的。**

会玩的孩子动作协调，身体发育好，不会患"感觉不统合"的毛病。

会玩的孩子，在玩的过程中体验已知和未知世界的一切，为学习人类知识打开自己智慧的天窗。

会玩的孩子，即使他今后一辈子十分平庸，但至少在金子般的、不能重复的童年，他享受到了人生最宝贵的东西，那么他的人生就不再平庸。

可是，现在我们的孩子不会玩！

在一次美国某知名高校举行的精英夏令营活动中，上海挑选了两名优

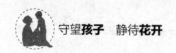

秀高中生参加。

有一名学生诸多方面的条件都不错，英语流利，门门功课都是A，差不多可以考虑入选。美国精英教育中心总裁乔安女士向这名学生提了一个问题："你课余玩些什么？"这名学生回答："每天我功课都来不及做，哪有时间玩呀？我是从来不玩的。"

在最后讨论人选时，乔安女士毫不犹豫地淘汰了这名学生。她说："不会玩的孩子往往是书呆子，缺乏创造力，没有发展潜力。"

一个全优生仅仅因为一句"我从来不玩"，就被美国知名高校拒绝！不要以为乔安女士的决定匪夷所思，因为研究表明，会玩的孩子和不会玩的孩子相比，无论在接受能力、反应能力、交往能力方面都要胜出一筹！

中国孩子之所以不会玩，一方面是受到了成人的束缚，不少成人把玩和学习对立起来，认为"玩物丧志"，玩是浪费时间，会影响学习。一些家长视电子游戏为洪水猛兽。其实让孩子适当地玩，完全可以促进孩子的灵敏度和反应度。

长期以来，"我的孩子不贪玩"是很多家长引以为豪的口头禅。可是，没想到的是，久而久之"不贪玩"的孩子变成"不会玩"的孩子，就好像在笼子里关久了的小老虎已不会捕食了。

玩是孩子与生俱来的天性，这句话我们常说，但很少有家长会百分之百地执行。其实，"孩子与玩"的辩证关系就像"先有鸡还是先有蛋"一样。**只有把"孩子与玩"看作一种纯粹的与生俱来的"自然"关系时，才能解释孩子这份"玩"的初始情结。**

会玩的孩子一般都特别注重规则的明确。他们尊重规则、维护规则、反思规则，必要时有重新制订规则的意识和能力——这正是成人世界里所需要的品格。儿童应该玩，应该学会玩。那么，究竟怎样让孩子玩好呢？

1. 为孩子创设良好的玩耍环境

特定的环境引起创设良好的游戏环境是孩子"玩"的前提。首先从物质条件来说，应该有孩子想玩的东西，好奇的玩具或者其他有助于孩子参与游戏的材料；同时还应有孩子"玩"的场地，如房间、户外草地、儿童游戏场等。

不要因为孩子弄乱了房间而责备限制孩子的游戏，干预孩子的玩法，改变孩子的游戏规则。如果这样，就会改变游戏本身自由、愉快、自然及探索的特性。应该让孩子在良好的物质和心理环境中成为游戏的主人，充分表现自我，真正让孩子享受到游戏的乐趣。

2. 给予必要的引导和帮助

对于孩子来说，游戏并非完全是其自发的活动，同样需要模仿和学习。特别对于年龄较小的孩子，就更需要成人做出适当引导，激发孩子去玩。这样孩子才可以产生想象，根据记忆、表象，运用素材去丰富游戏的内容和情节。

并不是所有的游戏对孩子都起好的作用，家长应多关心了解孩子的游戏，及时发现问题并解决问题。如果发现孩子们在游戏中有不良行为，就应及时纠正，讲清道理，说明利害，从正面引导孩子去玩。

3. 培养孩子的自主意识和合作意识

在孩子玩时要注意培养他们的自主能力意识，让孩子不依赖大人，能自己独立地玩。喜欢和同伴玩是孩子的天性，到了幼儿期，孩子与同伴交往的需要更为强烈。这时，家长不要拒绝别的孩子与自己的孩子一起玩。孩子是在与同伴的游戏中学会与人如何相处的。

如果孩子长期与大人玩，大人会不自觉地迁就保护孩子，容易使孩子滋生霸道自负的行为，不利于孩子成长。所以，要鼓励孩子与伙伴一起游戏，让孩子从游戏中得到锻炼，在与同伴的游戏中发展孩子的合作意识。

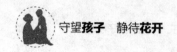

4. 多让孩子参与户外活动和体育游戏

现在，都市生活让人们渐渐失去了与大自然亲近的机会，也逐渐取消了孩子与大自然的相处机会。取而代之的是电视、电子游戏、电动玩具和因特网，这样会阻碍孩子探索自然界的兴趣。所以，家长要多带孩子到户外的世界去游戏和活动。

在户外，孩子可以无拘无束地玩。可以创造性地多让孩子接触水、土、动植物等自然物质，扩大孩子的视野，陶冶孩子的情感，丰富孩子的内心世界。同时，家长还应带领孩子多参加体育活动，锻炼孩子的运动能力及动作协调能力，培养孩子反应的灵敏性。

应该给孩子提供一些运动性的玩具，如皮球、哑铃、跳绳等。这样孩子不仅从活动中获得了快乐，也锻炼了孩子动作的协调性、灵活性、准确性，更能促进孩子体质体能的发展。

5. 给孩子充分的自由

调查显示，我国4～10岁城市儿童中，51.6%上有课外学习班或特长班，10～12岁的城市儿童中，"上班"比例达到61.9%。家长一定要注意，不要让太多的兴趣班挤掉孩子玩的时间，否则不仅不利于孩子社交技能的培养，也容易让孩子产生厌学、逆反心理。

只要没有什么危险因素，孩子玩耍时，家长尽量不要干涉他。一味地对孩子保护过度或限制过多，可能会抑制孩子独立性的发展。孩子在力所能及的游戏中能获得许多成功体验，有利于自信心的建立。

把孩子交给大自然

记得很久以前，曾看过这样一个小故事：

幼儿园的阿姨手里拿着一个红红的苹果问孩子们：小朋友，谁能告诉我，苹果是从哪里来的？孩子们的回答大同小异：是妈妈买回来的；是从超市里买回来的；是别人送来的……

看到这样的答案，我不禁有些愕然。为什么就没人回答：苹果是从苹果树上长出来的，苹果是从果园里采来的……孩子们离大自然真的是越来越远了，眼睛里看到的耳朵里听到的，是越来越多的商品化的信息。

城市里的孩子玩乐的时间多被美术班、书法班、钢琴班、小提琴班、作文写作班、英语班占据，幼小的心灵过早地接受着文学、艺术的熏陶。可是，家长们有没有想过，我们究竟想培养出怎样的孩子呢？全能的才艺、良好的素质、丰富的内涵、优秀的品质……但是，难道这些就足够了吗？

　　任何一个家长都不愿意孩子认识的动物植物只是书本上、陈列室里看到的凝固成了一种姿态、没有生气的图像、标本，也不愿意孩子接触到的动物仅仅是关在动物园笼子里屈指可数的寥寥数种，因此鼓励孩子走进大自然是非常必要的！要让孩子去感受泥土与青草的甜香，去聆听虫吟鸟叫蛙鸣，去观察蜂飞蝶舞虫爬，去探索大自然的奥秘并享受其中的乐趣。

　　对于孩子来说，大自然是最好的老师，最好的教科书，最好的课堂。神奇美妙的大自然，可以教给孩子无穷无尽的知识，引领着孩子们走向一片求知探索的新天地。大自然是一座蕴藏丰富的宝库。只要用心地去发掘去探索，孩子就会得到最最珍贵的宝藏。动物学、植物学、矿物学、物理学、化学、地质学、天文学等科学领域的知识，都可以在与大自然的亲密接触中逐步进入其神秘的领域。

　　下面的这些事情都是很容易就能做到的：

　　给孩子捉几只小蝌蚪回家，和孩子一起慢慢地观察小蝌蚪是如何一一长出四只可爱的小脚，如何慢慢地褪去小尾巴，如何长成了一只活蹦乱跳的可爱的小青蛙；

　　在花盆里撒一些植物的种子，让孩子用心地观察植物发芽、生长、开花、结果的全部过程；

　　租一块菜园子，带着孩子一起去耕耘、播种、施肥、锄草、除虫、收成……当鲜红的西红柿、翠绿的小黄瓜、紫色的小茄子、白色的大萝卜端上自家的餐桌时，孩子不仅能感受到丰收的喜悦、劳动的乐趣，还能真切地体验到什么是"谁知盘中餐，粒粒皆辛苦"！

　　……

慢养，不等于"放养"！

随着社会的发展，竞争越来越激烈，孩子的潜力只有被挖掘出来，才不会被社会淘汰，我们这里所说的慢养，并不是说家长不用管孩子，随他怎么玩怎么闹，这里的"慢"指的是心性的培养，"快"要在孩子的技术上体现，如此一快一慢，才会使得孩子成长得更加健康。

只要孩子的成长在自己的能力范围内，家长可以给孩子施加压力，让他走得快一点，跟上社会的步伐。如果觉得慢养就是放养，会使得孩子不知道如何面对和解决竞争问题，反而变得更加急躁，在社会上适应不了。

其实，慢养是在教育家长，要用耐心，要相信孩子，要从长远的角度去教育孩子。任何教育的前提都是尊重孩子的本性，没有绝对的东西，尊重孩子是基础。

在慢养孩子的过程中，虽然不可避免地会使用到"放养"这种方式，但是放养也仅仅是慢养的方式之一。慢养还包括许多内容，例如，家长主导、孩子主体、环境熏陶、正面影响等；比如，买回一堆光碟和书本给孩子看，不要置之不理，应该继续跟进这件事，可以陪孩子一起观看，帮孩

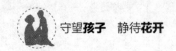
子解读书籍。

真正的慢养，是教给孩子正确的处事方式，而不是苛求孩子在短时间内做到尽善尽美。当孩子有所进步时，家长给予一定的鼓励；当孩子再次犯错时，家长则给予警醒和原谅。让孩子在一定范围内自由，这才是真正的放养！比如：孩子犯错时，要严肃认真指出错误所在，为孩子指明方向；孩子不喜欢某种乐器时，家长应该耐心用音乐来征服、安抚、引导孩子。只有先与孩子进行良好沟通，了解孩子的心理、感受，才能进一步进入孩子的内心世界。

慢养，养的就是孩子的心，可以让孩子拥有由内而外的优秀。慢养主张让孩子明理，鼓励启发式教育，可以让孩子举一反三、由此及彼，实现自我教育。

致孩子的19岁

亲爱的孩子，

你长大了，

已经19岁！

在你19岁生日之际——

衷心祝福你生日快乐，万事如意！

19岁是自由放飞梦想的年龄，

19岁是绽放青春风采的年华，

具备掌控自己时间的能力，

拥有把握自己人生命运的思想，

爸爸妈妈相信你能做到，

爸爸妈妈会永远守望着你。

在未来的人生旅途中——

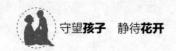

爸爸妈妈会给你最坚定的支持，

妈妈永远是你最温暖的怀抱，

爸爸永远是你最坚强的臂膀，

家庭永远是你最温馨的港湾。

未来的人生很长，很远……

你须牢记我们的家训：

勤俭传家远，诗书继世长。

你须牢记爸爸妈妈坚守的做人做事的信条：

自强不息，厚德载物。

你须牢记爸爸妈妈坚守的做事的准则：

做该做的事，有所不为才能有所为！

你须牢记我们家的口号：

只要认真，就能学好！

请你相信：

天道酬勤，大道行远！

天高任鸟飞，海阔凭鱼跃。

你尽情地翱翔吧！

爸爸妈妈